成由勤俭败由奢

——大学生勤俭廉洁教育读本

应金萍　戴亚娥　沈央珍

郑　芳　谢　骏　李可依　编著

邬琦姝　倪萌芽　励　业

应晓红

浙江工商大学出版社
ZHEJIANG GONGSHANG UNIVERSITY PRESS
·杭州·

图书在版编目(CIP)数据

成由勤俭败由奢：大学生勤俭廉洁教育读本 ／ 应金萍等编著. — 杭州：浙江工商大学出版社，2019.11
ISBN 978-7-5178-3060-3

Ⅰ．①成… Ⅱ．①应… Ⅲ．①大学生－品德教育－中国 Ⅳ．①G641.6

中国版本图书馆CIP数据核字(2018)第281412号

成由勤俭败由奢——大学生勤俭廉洁教育读本

CHENG YOU QINJIAN BAI YOU SHE——DAXUESHENG QINJIAN LIANJIE JIAOYU DUBEN

应金萍 等 编著

责任编辑	沈敏丽
封面设计	林朦朦
责任印制	包建辉
出版发行	浙江工商大学出版社
	（杭州市教工路198号　邮政编码310012）
	（E-mail: zjgsupress@163.com）
	（网址: http://www.zjgsupress.com）
	电话: 0571-88904980，88831806（传真）
排　　版	杭州彩地电脑图文有限公司
印　　刷	浙江全能工艺美术印刷有限公司
开　　本	710mm×1000mm　1/16
印　　张	10
字　　数	180千
版 印 次	2019年11月第1版　2019年11月第1次印刷
书　　号	ISBN 978-7-5178-3060-3
定　　价	36.00元

前　言

　　"历览前贤国与家，成由勤俭破由奢。"勤俭是中华民族的传统美德，是中华文明得以延续、长盛不衰的重要法宝。早在《尚书》中，就明确提出了勤俭建国、勤俭持家的思想。儒家经典《左传》也强调"民生在勤，勤则不匮""俭，德之共也；侈，恶之大也"。历代有识之士从社会安定、经济繁荣、个人安身、家族兴旺、自我修养等方面论述了勤俭道德的重要作用，随着历史的发展，勤俭道德的内涵更加丰富，外延更加充实。

　　倡俭戒奢的传统美德是千百年来人们形成的共同理念，也是人类生存的重要保证。随着社会物质财富的不断丰富和人们生活水平的不断提高，当代青年的伦理价值观念也出现了多元化的取向。在新的时代背景下，读史明理、品史慎独，吸取历史教训，倡导勤俭节约，反对奢靡之风，对于健康良好社会风气的形成显得尤为重要。本读本围绕"俭与奢"这一主题，内容涉及历史帝王、人文典故、语言文学等方面，主要包括成语故事中的俭与奢、古文诗词中的俭与奢、中国历代帝王的"勤俭"典故、历史名人的勤俭故事、宁波老话中的俭与奢、勤俭道德的内涵解析等。

　　大力弘扬中华民族传统美德，建设社会主义核心价值体系，促进社会文化大发展、大繁荣，是全面建设小康社会的重要任务，是实现中华民族伟大复兴的必然要求。希望通过不断挖掘和认识中华民族传统美德的意义和价值，引导广大青年启迪思想，鼓舞精神，增强明辨是非、美丑、善恶的能力，树立积极向上的价值观、人生观、世界观，为中华民族之崛起而努力。

　　本书从选题到成文，时间紧迫，加之本研究团队学术水平有限，故难免有疏漏和不全之处，敬请读者和同人多加批评指正。

在本书的撰写过程中，我们得到了很多同人的大力支持和无私关怀。研究团队为本书的顺利完成倾注了大量心血，在此一并表示衷心的感谢。

课题组

2019年10月

目　录

目录

【成由勤俭败由奢】

第一章

成语故事中的俭与奢

古人云："俭，德之共也；侈，恶之大也。"李商隐也在《咏史》中道："历览前贤国与家，成由勤俭破由奢。"崇尚俭朴、反对奢华、艰苦奋斗历来是中华民族的传统美德，也是我国精神文明建设的内在诉求。

人类要生存，社会要进步，国家要发展，这一切都离不开消耗有限的自然资源，因而也更离不开勤俭节约。可以说修身、齐家、治国都离不开勤俭节约，诸葛亮把"静以修身，俭以养德"作为"修身"之道；朱子将"一粥一饭，当思来之不易；半丝半缕，恒念物力维艰"当作"齐家"的训言；毛泽东以"厉行节约，勤俭建国"为"治国"的经验。

成语是我国语言词汇中一部分定型的词组或短语，源自古代经典著作、历史故事和人们的口头故事。成语有固定的结构形式和固定的说法，富有深刻的思想内涵，简短精辟，易记易用。它结构紧密，一般不能任意变动词序或抽换、增减其中的成分，具有结构的凝固性。

历史上，勤俭节约的故事不胜枚举，有很多就体现于成语当中。勤俭不是小气，而是一种文明，一种操守，一种品行，一种素养，一种美德，应该被广泛传承。勤俭节约、艰苦奋斗的优良作风，不仅在革命战争岁月和中华人民共和国成立初期"一穷二白"的条件下需要坚持，在当前全面建设小康社会的新时代仍然需要坚持。

我们要始终记住"节约莫怠慢，积少成千万。一粒米如珠，一菜不许烂"。[1]节约是强大力量的储蓄！事实证明，任何一个国家、一个民族，如果骄奢淫逸成风，享乐主义盛行，就没有希望；如果勤俭文明盛行，将是国之本，家之幸，民之福。

---

[1]抗日爱国将领续范亭《五百字诗》。

一、"节用裕民"话节约

（一）节用裕民

【解释】裕：使富足。节约用度，使人民过富裕的生活。

【出处】《荀子·富国》："足国之道，节用裕民，而善臧其余。"

荀子（约公元前313—前238年），名况，字卿，战国末期赵国人，著名思想家、文学家、政治家，儒家代表人物之一，时人尊称"荀卿"。因避西汉宣帝刘询讳，且"荀"与"孙"二字古音相通，故又称孙卿。曾三次出任齐国稷下学宫的祭酒，后为楚兰陵（今山东兰陵）令。荀子对儒家思想有所发展，提倡性恶论，对重整儒家典籍也有相当显著的贡献。其"性恶论"常被后人拿来跟孟子的"性善论"进行比较，《富国》篇是荀子论述其经济思想的文章。

（二）黜衣缩食

【解释】黜，节省。黜衣缩食，指在生活上省穿省吃，力求节约。

【出处】明·宋濂《重建龙德大雄殿碑》："于是黜衣缩食，重创大雄殿五楹间。"

宋濂（1310—1381年），明初政治家、文学家，字景濂，号潜溪，别号玄真子，浙江浦江县人，曾被明太祖朱元璋誉为"开国文臣之首"，学者称其为太史公。宋濂与高启、刘基并称为"明初诗文三大家"。

（三）节衣缩食

【解释】缩：节省。省吃省穿，尽力节约。

【出处1】《史记·货殖列传》："能薄饮食，忍嗜欲，节衣服。"

《货殖列传》出自《史记》卷一百二十九列传第六十九。这是专门记叙从事"货殖"活动的杰出人物的类传，反映了司马迁的经济思想和物质观。"货殖"是指谋求"滋生资货财利"以致富，即利用货物的生产与交换，进行商业活动，从中生财求利。民国时期著名教育家、经济学家潘吟阁曾称赞《货殖列传》："它讲的是种种社会的情形，且一一说明它的原理。所写的人物，又是上起春秋，下至汉代。所写的地理，又是北至燕、代，南至儋耳。而且各人有各人的角色，各地有各地的环境。可当游侠读，可当小说读。读中国书而未读《史记》，可算未曾读书；读《史记》而未读《货殖传》，可算未读《史记》。美哉《货殖传》！"

【出处2】宋·陆游《秋获歌》："我愿邻曲谨盖藏，缩衣节食勤耕桑。"
诗歌全文为：

墙头累累柿子黄，人家秋获争登场。
长碓捣珠照地光，大甑炊玉连村香。
万人墙进输官仓，仓吏炙冷不暇尝。
讫事散去喜若狂，醉卧相枕官道傍。
数年斯民厄凶荒，转徙沟壑殣相望，
县吏亭长如饿狼，妇女怖死儿童僵。
岂知皇天赐丰穰，亩收一钟富万箱。
我愿邻曲谨盖藏，缩衣节食勤耕桑，
追思食不餍糟糠，勿使水旱忧尧汤。

陆游（1125—1210年），南宋诗人，词也很有成就，字务观，号放翁，越州山阴（今浙江绍兴）人。高宗绍兴二十四年试礼部，名在前列，为秦桧所黜。后孝宗即位，赐进士出身，曾任镇江、隆兴通判，官至宝章阁待制。晚年退居家乡。

【出处3】《鲁迅书信集·致赵家璧》："本来，有关本业的东西，是无论怎样节衣缩食也应该购买的。"

鲁迅（1881—1936年），原名周樟寿，后改名周树人，字豫才，浙江绍兴人，中国现代伟大的文学家、思想家和革命家，1936年10月19日病逝于上海。"鲁迅"是他在《新青年》上第一次用的笔名，因为影响日甚，所以人们习惯称之为鲁迅，著作收入《鲁迅全集》及《鲁迅书信集》。

赵家璧（1908—1997年），上海松江人，中国编辑出版家、作家、翻译家。其在光华大学附中时，即主编《晨曦》季刊。大学时期，为良友图书印刷公司主编《中国学生》。1932年在光华大学英国文学系毕业后，进良友图书印刷公司任编辑、主任。其间，结识鲁迅、郑伯奇等作家，陆续主编《一角丛书》《良友文学丛书》等，以讲究装帧设计闻名。1936年，组织鲁迅、茅盾、胡适、郑振铎等著名作家分别编选出版的《中国新文学大系》，由蔡元培作总序，皇皇十大卷，矗立了一座丰碑。中共十一届三中全会以后，撰写了《编辑生涯忆鲁迅》等上百万字的回忆录。

（四）杀衣缩食

【解释】同节衣缩食。

【出处】明·宋濂《故丽水叶府君墓铭》："家虽贫，杀衣缩食，葬宗党十余丧。"

（五）缩衣节口

【解释】指省吃省穿，生活节俭。

【出处】宋·苏轼《乞不给散青苗钱斛状》："农民之家，量入为出，缩衣节口，虽贫亦足。"

苏轼（1037—1101年），"唐宋八大家"之一，北宋眉州眉山（今属四川省眉山市）人，字子瞻，又字和仲，号东坡居士。与父苏洵、弟苏辙合称"三苏"。嘉祐（宋仁宗年号）进士。曾上书力言王安石新法之弊，后因作诗讽刺新法而下御史狱，被贬黄州。宋哲宗时任翰林学士，曾出知杭州、颍州，官至礼部尚书。后又贬谪惠州、儋州。其诗题材广阔，清新豪健，善用夸张比喻，独具风格，著有《东坡七集》《东坡易传》《东坡乐府》等。

（六）缩衣啬食

【解释】指省吃省穿，生活节俭。

【出处】清·梅曾亮《崔恭人墓志铭》："母缩衣啬食，区画综理，未尝使大人忧。"

梅曾亮（1786—1856年），清代散文家，字伯言，又字葛君，江苏上元（今南京）人，祖籍安徽宣城。他生长于一个颇有文化氛围的诗书家庭，祖父为著名数学家梅文鼎，父亲梅冲，饱学诗书，嘉庆五年（1800年）中举，道光二年（1822年）进士。梅曾亮生活的时代，清王朝的腐朽统治已经暴露，国内、国际矛盾日益激化。他身处动荡不安的政治形势之中，心系国家安危，表现出对国事与现实极度的热情，他主张读书人要以救时济世为己任。

（七）躬行节俭

【解释】躬行：亲自践行。亲自践行节约勤俭。

【出处】《汉书·霍光传》："师受《诗》《论语》《孝经》，躬行节俭，慈仁爱人。"

霍光（？—前68年），字子孟，政治家，西汉河东郡平阳县（今山西省临汾市）人，麒麟阁十一功臣之首，名将霍去病同父异母弟，昭帝上官皇后外祖父，宣帝霍皇后之父。先后任郎官、曹官、侍中、奉车都尉、光禄大夫、大司马、大将军等职位，封博陆侯，谥号为宣成，因此又被尊称为博陆宣成侯。霍光秉持汉朝政权前后达二十年，历经汉武帝、汉昭帝、汉宣帝三朝，其间曾主持废立昌邑王，他忠于汉室，老成持重，而又果敢善断，知人善任，是一位具有深谋远略的政治家。

（八）艰苦朴素

【解释】指吃苦耐劳，勤俭节约。

【出处】姚雪垠《李自成》第一卷第十七章："为实现这一远大的政治目的而在生活上竭力做到艰苦朴素。"

姚雪垠（1910—1999年），原名姚冠三，字汉英，河南邓县人，现代小说家。因家贫，只读了三年小学，上初中一学期未读完，从小爱听外祖母讲故事，由此激发了想象能力和文学兴趣。曾任为第五、第六届全国政协委员，湖北省文联主席。1981年12月，在古稀之年加入中国共产党。

长篇历史小说《李自成》从1957年动笔起，历时三十余年，约两百三十万字，分为五卷。这一史诗性的作品以明末义军领袖李自成、明末皇帝崇祯为中心，塑造了一系列形象鲜明的历史人物，以宏大的规模、壮阔的气势反映了宽广的社会历史生活，揭示了明末农民革命战争的特殊规律和封建社会阶级斗争以及民族斗争的复杂局面，堪称农民革命战争的历史画卷。从20世纪60年代出版第一卷时，就影响较大。曾获日本文部省、外务省颁发的文化奖。第二卷于1982年荣获首届"茅盾文学奖"。著作除有中、日文版本外，尚有英、法文等译本。

（九）强本节用

【解释】本：根本，特指农业生产，我国古代以农为本。加强农业生产，节约费用。

【出处1】《荀子·天论》："强本而节用，则天不能贫。"

战国时期在中国思想史上是一个群星璀璨的时代，诸子的思想犹如划破夜空的闪电一样耀眼夺目，但那个时代，社会上一般人的思想与精英们所达到的高度尚有不小的差距，社会上的迷信思想还很严重。作为战国时期一位杰出的思想家，荀子对于祈神求鬼以致福的礼祥之事和迷信习俗进行了深入的批判。他所著的《天论》就极具这种思想光芒，揭示了自然界的运动变化有其客观规律，和人事没有什么关系。其主要思想是，社会是清明富足还是动乱不堪，全是人事的结果，和自然界（所谓"天"）也没有什么关系。荀子的这种思想，有力地否定了当时的各种迷信，强调了人力的作用，这在当时具有很强的进步意义。

【出处2】《史记·太史公自序》："墨者俭而难遵，是以其事不可遍循；然其强本节用，不可废也。"

《史记》是中国历史上第一部纪传体通史，被人们称为"信史"，它不同于前代史书所采用的以时间为次序的编年体，或以地域为划分的国别体，而是以人物传记为中心来反映历史内容的一种体例。由西汉武帝时期的司马迁花了十三年的时间所完成。

司马迁（约公元前145—前87年），字子长，夏阳（今陕西韩城）人，西汉史学家、文学家、思想家，父亲司马谈任汉武帝太史令。司马迁少时跟从大儒董仲舒学《春秋》，从孔安国学《尚书》。他博览汉室藏书，参以游历见闻，在其父累积编次的大量史料基础上，于公元前104年（太初元年）开始从事《史记》的编写。

《太史公自序》是《史记》的最后一篇，是《史记》的序，也是司马迁的自传，人们常称之为司马迁自作之列传，太史公是司马迁的自称。《自序》历述了太史公世谱家学之本末。从重黎氏到司马氏的千余年家世，司马迁本人成长经历，及其著述《史记》之始末，作者娓娓道来，错落有致，累如贯珠，充分而深刻地反映了司马父子的学术思想。

【出处3】《隋书·经籍志》三："墨者，强本节用之术也。"

《隋书》共八十五卷，分为两个部分：一部分是纪传部分，由魏徵主编，成书于唐太宗贞观十年（636年）；另一部分为史志部分，始修于贞观十五年（641年），成于唐高宗显庆元年（656年），是由长孙无忌监修的。全书贯穿了以史为鉴的思想，保存了南北朝以来大量的典章制度，为后人研究隋代以及前几朝的政治、经济、文化制度，保留了丰富的资料。

《经籍志》共四卷，由唐朝魏徵等撰写，是唐代官修的一部目录，是继《汉书·艺文志》后，我国又一部非常重要的古代图书总录。按经、史、子、集四部四十类著录，既反映隋朝一代藏书，又记载六朝时代图书变动情况，并最终确立了四分法在目录学中的地位，它也是现存最古老的四分法目录书。经部按《易》《书》《诗》《礼》《乐》《春秋》《孝经》《论语》《纬书》《小学》十个大类；史部按正史、古史、杂史、霸史、起居注、旧事、职官、仪注、刑法、杂传、地理、谱系、簿录十三类；子部按儒、道、法、名、墨、纵横、杂、农、小说、兵、天文、历数、五行、医方十四类；集部按楚辞、别集、总集三类。

【出处4】苏轼《贺时宰启》："强本节用，则货可使若流泉之长。"

（十）省吃俭用

【解释】形容生活中节衣缩食，非常简朴、节约、节俭。

【出处】清·吴敬梓《儒林外史》第四十七回："虞华轩在家，省吃俭用，积起几两银子。"

吴敬梓（1701—1754年），清代最伟大的小说家之一，字敏轩，一字文木，号粒民，安徽全椒人。因家有"文木山房"，所以晚年自称"文林山人"，又因自家乡安徽全椒搬至江苏南京秦淮河畔，故又称"秦淮寓客"。著有《文木山房诗文集》十二卷（今存四卷）、《文木山房诗说》七卷（今存四十三则）、小说《儒林外史》。

《儒林外史》，长篇小说，成书于1749年（乾隆十四年）或稍前。以写实主义描绘各类人士对于"功名富贵"的不同表现，一方面真实地揭示人性被腐蚀的过程和原因，从而对当时吏治的腐败、科举的弊端、礼教的虚伪等进行了深刻的批判和嘲讽；一方面热情地歌颂了少数人物以坚持自我的方式所做的对美好人性的守护，从而寄寓了作者的理想。在它之前，中国文学中就已经有了《三国演义》《水浒传》《西游记》等著名的白话章回体长篇小说。而《儒林外史》的开创性意义在于：它以现实主义作为底色，以讽刺作为自己的美学追求，使该书成为中国古典讽刺文学的佳作，开创了以小说直接评价现实生活的范例。这部作品内容博大深厚，闪烁着民主进步的思想光芒。作者以犀利的笔触无情鞭挞了封建科举制度腐朽的本质和其对知识分子心灵的戕害，入木三分地刻画了一系列深受科举毒害的迂腐的读书人、虚伪的假名士，也塑造了理想中的人物。虽然假托明代，却是封建社会一幅真实的生活画卷。后人对此书评价甚高：鲁迅认为该书思想内容"秉持公心，指摘时弊"，胡适认为其艺术特色堪称"精工提炼"。在国际汉学界，该书更是影响颇大，早有英、法、德、俄、日、西班牙等多种文字版本传世，足以跻身于世界文学杰作之林，可与薄伽丘、塞万提斯、巴尔扎克、狄更斯等人的作品相提并论，对世界文学有卓越贡献。

（十一）精打细算

【解释】打：规划。意思是精密地计划，详细地计算。指在使用人力、物力时计算得很精细。

【出处1】冰心《咱们的五个孩子》："教给他们记账，看看钱都花在哪里，教给他们精打细算。"

冰心（1900—1999年），原名谢婉莹，福建长乐人。中国诗人，现代作家，翻译家，儿童文学作家，社会活动家，散文家。笔名冰心取自"一片冰心在玉壶"。冰心的小说，较少鸿篇巨制，多是清新隽永的珍品。她的许多作品看起来情节单纯，却寓意深远，留给人无穷的回味。她善于撷取现实生活中的一个片段，人生旅途中的一段机缘，展示出错综复杂的社会生活的一个侧面。没有离奇曲折的故事，没有金戈铁马的壮举，却具有一种哲理的追求。她常常用机敏的目光，去观察社会，审视人生；从人际关系撞击中，爆发出火花，捕捉生活中蕴藏的哲理，寄托自己的情思，作品极富诗意。

【出处2】茹志鹃《妯娌》：再看红英自己，那是连半个钟头的工都不肯耽误的，也从没见她吃过一口零食，一看就知道是个会精打细算、会过日子的人。

茹志鹃（1925—1998年），曾用笔名阿如、初旭，上海人，当代著名女作家，著名导演王啸平的夫人，王安忆的母亲。她的创作以短篇小说见长，笔调清新、俊逸，情节单纯明朗，细节丰富传神，善于从较小的角度去反映时代本质。1925年9月生于上海，家庭贫困，幼年丧母失父，靠祖母做手工换钱过活。十一岁以后才断断续续在教会学校、补习学校念书，初中毕业于浙江武康县武康中学。1943年随兄参加新四军，先在苏中公学读书，以后一直在部队文工团工作。1947年加入中国共产党。1955年从南京军区转业到上海，在《文艺月报》做编辑。

（十二）开源节流

【解释】开：开发，开辟。源：水源。开发水源，节制水流。比喻在财政经济上增加收入，节省开支。

【出处】《荀子·富国》：故明主必谨养其和，节其流，开其源，而时斟酌焉，潢然使天下必有馀，而上不忧不足。

（十三）细水长流

【解释】比喻节约使用财物，使日常不缺用。也比喻一点一滴不间断地做某件事。

【出处】清·翟灏《通俗编·地理》引《遗教经》："汝等常勤精进，譬如小水常流，则能穿石。"

翟灏，字大川，后改字晴江，自号巢翟子，仁和（今杭州）人，清藏书家、学者。乾隆十九年（1754年）进士，官金华、衢州府学教授。翟灏酷爱读书，自经史之外，凡诸子百家、山经地志、乃及荒冢破壁之奇字，无不包孕而贯穿之。著有《四书考异》《尔雅补郭》《湖山便览》《艮山杂志》《通俗编》《无不宜斋诗集》《说文算经证》《周书考证》等。

《通俗编》，汇释历代俗语常言、文章典故、神话传说辞书，共三十八卷。《通俗编》兼有类书和笔记的特点。说它像类书，是因为书中所列五千余条目分为三十八类：天文（神仙）、地理、时序、伦常、仕进、政治、文学、武功、仪节、祝诵、品目、行事、交际、境遇、性情、身体、言笑、称谓、神鬼、释道、艺术、妇女、货财、居处、服饰、器用、饮食、兽畜、禽鱼、草木、俳优、数目、唐辞、状貌、声音、杂字、故事、识余。说它是笔记，是因本书沿袭了唐宋文人撰写笔记的习惯，于各词目中，不仅客观地辑录历代文献，而且往往有作者的辩证。

（十四）修旧利废

【解释】把破旧的修补好，把废物利用起来，指厉行节约。

【出处】《汉书·司马迁传》："幽、厉之后，王道缺，礼乐衰，孔子修旧起废，论《诗》《书》，作《春秋》，则学者至今则之。"

《汉书》，又称《前汉书》，由我国东汉时期的历史学家班固编撰，是中国第一部纪传体断代史，"二十四史"之一。《汉书》是继《史记》之后我国古代又一部重要史书，与《史记》《后汉书》《三国志》并称为"前四史"。《汉书》全书主要记述了上起西汉的汉高祖元年（公元前206年），下至新朝的王莽地皇四年（公元23年），共二百三十年的史事。《汉书》包括纪十二篇，表八篇，志十篇，传七十篇，共一百篇，后人划分为一百二十卷，共八十万字。

（十五）省吃俭用

【解释】形容生活中节衣缩食，非常简朴、节约、节俭。

【出处】明·凌蒙初《二刻拍案惊奇》卷二十二："虽不及得富盛之时，却是省吃俭用，勤心苦胝，衣食尽不缺了。"

凌濛初（1580—1644年），字玄房，号初成，亦名凌波，别号即空观主人。汉族，明代浙江乌程（今浙江湖州吴兴）人，文学家、小说家和套版印书家。其著作《初刻拍案惊奇》和《二刻拍案惊奇》与冯梦龙所著《喻世明言》《警世通言》《醒世恒言》合称"三言二拍"，是中国古典短篇小说的代表。

《二刻拍案惊奇》为拟话本小说集，于崇祯五年（1632年）成书刊行，与作者前著《初刻拍案惊奇》合称"二拍"。四十卷，每卷一篇，共四十篇，该书以人民大众喜闻乐见的"拟话本"形式，描写了众多引人入胜的故事，概括地说，该书的内容主要包括以下几个方面：第一，表现爱情婚姻和两性关系；第二，表现封建官吏的思想行为；第三，表现商人生活。

二、"俭以养德"话俭朴

（一）俭以养德

【解释】俭：节俭。节俭可以淳养品德。同于"俭以养廉"，意为节俭可以培养廉洁的作风。

【出处】诸葛亮《诫子书》："夫君子之行，静以修身，俭以养德，非淡泊无以明志，非宁静无以致远。"

诸葛亮（181—234年），字孔明，号卧龙，三国蜀汉琅琊郡阳都人（今山东省沂南县）。少年时父母双亡，遂随叔父避乱荆州，隐居于南阳隆中，常自比管仲、乐毅，结交庞德公、庞统、司马徽、黄承彦、石广元、崔州平、徐庶等名士。三国时期著名的政治家、军事家和战略家，官至丞相。

《诫子书》是诸葛亮临终时写给他八岁儿子诸葛瞻的一封家书，成为后世历代学子修身立志的名篇。诸葛亮是一位品格高洁、才学渊博的父亲，《诫子书》文短意长，言简意赅，主旨是劝勉儿子勤学立志，修身养性，要从淡泊宁静中下功夫，最忌怠惰，文中以强烈而委婉的语气表现了他对儿子的教诲与无限的期望。文章概括了做人治学的经验，着重围绕一个"静"字加以论述，同时把失败归结为一个"躁"字，对比鲜明，将普天下为人父者的爱子之情表达得非常深切。

（二）克勤克俭

【解释】克：能够。既能勤劳，又能节俭。

【出处】《尚书·大禹谟》："克勤于邦，克俭于家。"

《尚书》是中国古代最早的一部历史文献汇编。最早时它被称为《书》，到了汉代被叫作《尚书》，意思是"上古之书"。汉代以后，《尚书》成为儒家的重要经典之一，所以又叫作《书经》。这部书的写作和编辑年代、作者已很难确定，但在汉代以前就已有了定本。《尚书》所记载的历史，上起传说中的唐尧虞舜时代，下至东周（春秋中期），历史约一千五百多年。它的基本内容是古代帝王的文告和军臣谈话记录，由此可以推断作者很可能是史官。《尚书》作为我国最早的政事史料汇编，记载了虞、夏、商、周的许多重要史实，真实地反映了这一历史时期的天文、地理、哲学思想、教育、刑法和典章制度等，对后世产生了重要影响，是我们了解古代社会的珍贵史料。

（三）勤俭持家

【解释】以勤劳节约的精神操持家务。

【出处】巴金《谈〈秋〉》："钱不够花，也不想勤俭持家，却仍然置身在亲戚中间充硬汉。"

巴金（1904—2005年），原名李尧棠，另有笔名佩竿、极乐、黑浪、春风等，字芾甘。汉族，四川成都人，祖籍浙江嘉兴。中国作家、翻译家、社会活动家。巴金1904年11月生在四川成都一个封建官僚家庭里，五四运动后，他深受新潮思想的影响，并在这种思想的影响下开始了他个人的反封建斗争。1923年巴金离家赴上海、南京等地求学，从此开始了他长达半个世纪的文学创作生涯。

巴金的第一部中篇小说《灭亡》，1929年在《小说月报》发表后引起强烈反响。其主要作品还有《死去的太阳》《新生》《砂丁》《索桥的故事》《萌芽》和著名的"激流三部曲"：《家》《春》《秋》，20世纪30年代在《时报》上连载著名的"爱情三部曲"：《雾》《雨》《电》。1982年获"国际但丁文学奖"。著有散文集《随想录》（包括《随想录》《探索集》《真话集》《病中集》《无题集》）。译作有长篇小说《父与子》《处女地》等。其中《家》是作者的代表作，也是我国现代文学史上最卓越的作品之一。

（四）布衣蔬食

【解释】布衣：布制的衣服。蔬食：粗食，以草菜为食。穿布衣，吃粗粮，形容生活节俭朴素。

【出处1】《晋书·范汪传》："外氏家贫，无以资给，汪乃庐于园中，布衣蔬食，然薪写书。"

《晋书》，中国的"二十四史"之一，由唐朝房玄龄等人合著。记载的历史上起三国时期司马懿早年，下至东晋恭帝元熙二年（420年）刘裕废晋帝自立，以宋代晋。该书同时还以"载记"形式，记述了十六国政权的状况。

范汪（约308—372年），字玄平。雍州刺史范晷之孙，南阳顺阳（今河南）人。曾任东阳太守，故又称范东阳。在郡大兴学校，甚有惠政，在礼学、医学及书法方面颇有成就。晚年屏居吴都。

【出处2】《汉书·王吉传》："吉俭家居，亦布衣蔬食。"

王吉（？—公元前48年），字子阳，西汉人，官至博士谏大夫。少年好学，以孝廉补授若卢县右丞，不久升任云阳县令。汉昭帝时，举贤良充任昌邑王中尉。汉书说他"兼通五经"，因此也算得上是西汉比较著名的经学家。

（五）粗衣粝食

【解释】粗：粗劣。粝：糙米。穿粗布衣，吃粗米饭。形容生活水平很低，也指不追求生活享受。

【出处】唐·李翱《左仆射傅公碑》："夫人粗衣粝食，与兵士妻女均好恶，用助公事。"

李翱（772—841年），字习之，陇西成纪（今甘肃）人，其生年无确切记载，学界说法不一。唐朝文学家、哲学家。李翱自幼"勤于儒学，博雅好古"，历任国子博士、史馆修撰、考功员外郎、礼部郎中、中书舍人、桂州刺史、山南东道节度使等职。他写文章注重气质，二十五岁时，在汴州与韩愈相识。从此，追随韩愈，两人亦师亦友。李翱勤奋好学，博学有才，后娶韩愈侄女为妻。李翱一生崇儒排佛，认为孔子是"圣人之大者也"（《李文公集·帝王所尚问》），主张人们的言行都应以儒家的"中道"为标准。

（六）粗茶淡饭

【解释】粗：粗糙、简单。淡饭：指饭菜简单。形容饮食简单，生活简朴。

【出处】宋·黄庭坚《四休居士诗序》："粗茶淡饭饱即休，补破遮寒暖即休，三平二满过即休，不贪不妒老即休。"

黄庭坚（1045—1105年），字鲁直，号山谷道人，晚号涪翁，洪州分宁（今江西修水县）人，北宋著名文学家、书法家，为盛极一时的江西诗派开山之祖，与杜甫、陈师道和陈与义素有"一祖三宗"（黄庭坚为其中"一宗"）之称。与张耒、晁补之、秦观都游学于苏轼门下，合称为"苏门四学士"。生前与苏轼齐名，世称"苏黄"。黄庭坚书法亦是独树一格，为"宋四家"（苏轼、黄庭坚、米芾、蔡襄）之一。

（七）食不重味

【解释】味：菜肴。吃饭不要两样菜肴，形容生活俭朴。也为"食不二味"。

【出处】《史记·吴太伯世家》："越王勾践食不重味，衣不重采，吊死问疾，且欲有所用其众。"

《吴太伯世家》出自《史记》卷三一《吴太伯世家第一》，作者司马迁。《史记》中共有《世家》三十篇，其内容记载了自西周至西汉初各主要诸侯国的兴衰历史，本篇为其中的第一篇，记载了吴国从开国祖先吴太伯远避荆蛮（约公元前12世纪中叶）至吴王夫差亡国（公元前473年）间，长达七百年的历史。通过本篇，我们清晰地了解到吴国由弱而强、又由盛而衰的完整历程。篇中再现了吴楚、吴越以及吴与中原诸侯之间错综复杂的矛盾关系，也反映了吴国内部统治阶级之间的王室斗争和君臣龃龉。

（八）居不重席

【解释】居：坐，卧。席：席垫用品。坐卧不用两重席垫，指生活俭朴节约。

【出处】《左传·哀公元年》："昔阖庐食不二味，居不重席，室不崇坛，器不彤镂，宫室不观，舟车不饰，衣服财用，择不取费。"

《左传》是中国古代最早一部叙事详尽的编年史，共三十五卷。《左传》全称《春秋左氏传》，汉朝时又名《春秋左氏》。汉朝以后才改称《左传》，是为《春秋》做注解的一部史书。《左传》既是一部战略名著，又是一部史学名著，相传由春秋末期鲁国史官左丘明所著。

（九）戒奢宁俭

【解释】戒：戒除。宁：宁可，宁愿。宁愿节俭，也要戒除奢侈。

【出处】《论语·八佾》："礼，与其奢也，宁俭。"

《论语》是中国春秋时期一部语录体散文集，主要记录孔子及其弟子的言行，它较为集中地反映了孔子的思想。由孔子弟子及再传弟子编纂而成。全书共二十篇四百九十二章，首创"语录体"。南宋时，朱熹将它与《孟子》《大学》《中庸》合称为"四书"。

《八佾》篇包括二十六章，是《论语》二十篇中的第三个部分。本篇主要内容涉及"礼"的问题，重点讨论如何维护"礼"的问题，主张维护礼在制度上、礼节上的种种规定；孔子提出"绘事后素"的命题，表达了他的伦理思想以及"君使臣以礼，臣事君以忠"的政治道德主张。

（十）俯拾仰取

【解释】指低头必拾地上之物，仰首则必取树上之物。形容极其勤劳节俭。

【出处】《史记·货殖列传》："然家自父兄子孙约，俛有拾，仰有取，贳贷行贾徧郡国。"

三、"勤学好问"话勤勉

（一）勤学好问

【解释】勤奋学习，不懂就问，比喻善于学习。

【出处】宋·朱熹《朱子语类·论语十一》："它而今是能勤学好问，便谥之以文。"

朱熹（1130—1200年），字元晦，又字仲晦，号晦庵，晚称晦翁，谥"文"，世称朱文公。祖籍江南东路徽州府婺源县（今江西省婺源），出生于南剑州尤溪（今属福建省尤溪县）。南宋著名的理学家、思想家、哲学家、教育家、诗人，闽学派的代表人物，儒学集大成者，世尊称为朱子。朱熹是唯一非孔子亲传弟子而享祀孔庙的人，位列大成殿十二哲者。他是程颢、程颐的三传弟子李侗的学生，任江西南康、福建漳州知府、浙东巡抚，做官清正有为，振举书院建设。朱熹著述甚多，有《四书章句集注》《太极图说解》《通书解说》《周易读本》《楚辞集注》，后人辑有《朱子大全》《朱子集语象》等，其中《四书章句集注》成为钦定的教科书和科举考试的标准。

《朱子语类》是朱熹与其弟子问答的语录汇编。宋代景定四年（1263年）黎靖德以类编排，于咸淳六年（1270年）刊为《朱子语类大全》一百四十卷，即今通行本《朱子语类》。此书编排次第，首论理气、性理、鬼神等世界本原问题，以太极、理为天地之始；次释心性情意、仁义礼智等伦理道德及人物性命之原；再论知行、力行、读书、为学之方等认识方法。又分论《四书》《五经》，以明此理，以孔孟周程张朱为传此理者，排释老、明道统。《朱子语类》基本代表了朱熹的思想，内容丰富，析理精密。

（二）勤学苦练

【解释】 勤奋、认真学习，刻苦训练。

【出处】 秦牧《秘诀》：他的儿子听后，再不敢妄图侥幸走上捷径，经过真正的勤学苦练，终于也成为书法家。

秦牧（1919—1992年），广东澄海人，中国作家、中华书局广州编辑部主任、《羊城晚报》副总编辑、《作品》杂志主编、广东省文联副主席、中国作协广东分会副主席、中国作协理事、全国文联委员、暨南大学中文系主任、中国当代文学研究会副会长、中国当代文学学会顾问。其文学活动涉及很多领域，主要作品有散文、小说、诗歌、儿童文学和文学理论等。

（三）将勤补拙

【解释】 将：以。补：弥补。以勤奋弥补笨拙。

【出处】 唐·白居易《自到郡斋题二十四韵》："救烦无若静，补拙莫如勤。"

白居易（772—846年），字乐天，号香山居士，又号醉吟先生，祖籍太原，到其曾祖父时迁居，生于河南新郑。唐代伟大的现实主义诗人，唐代三大诗人之一。白居易与元稹共同倡导新乐府运动，世称"元白"，与刘禹锡并称"刘白"。白居易的诗歌题材广泛，形式多样，语言平易通俗，有"诗魔"和"诗王"之称。官至翰林学士、左赞善大夫。公元846年，白居易在洛阳逝世，葬于香山。有《白氏长庆集》传世，代表诗作有《长恨歌》《卖炭翁》《琵琶行》等。

（四）业精于勤

【解释】 业：学业。精：精通。于：在于。勤：勤奋。学业精深是由勤奋得来的，指学业的精进在于勤奋。

【出处】 唐·韩愈《进学解》："业精于勤，荒于嬉；行成于思，毁于随。"

韩愈（768—824年），字退之，河南河阳（今河南省孟州市）人，汉族，自称"郡望昌黎"，世称"韩昌黎""昌黎先生"。唐代杰出的文学家、思想家、哲学家，他是唐代古文运动的倡导者，被后人尊为"唐宋八大家"之首，与柳宗元并称"韩柳"，有"文章巨公"和"百代文宗"之名。后人将其与柳宗元、欧阳修和苏轼合称为"千古文章四大家"。著有《韩昌黎集》四十卷、《外集》十卷、《师说》等。

（五）勤慎肃恭

【解释】 肃：严肃。恭：谦逊。勤劳、谨慎、恭敬、谦虚，指做人的美德。

【出处】 清·曹雪芹《红楼梦》第十八回："贵妃切勿以政夫妇残年为念，更祈自加珍爱，惟勤慎肃恭以侍上，庶不负上眷顾隆恩也。"

曹雪芹（约1715—1763年），名沾，字梦阮，号雪芹，又号芹溪、芹圃，满洲正白旗包衣，生于南京，是江宁织造曹寅之孙。曹雪芹早年在南京江宁织造府亲历了一段锦衣纨绔、富贵繁华的生活。至雍正初年，曹家因亏空获罪被抄家，曹雪芹随家人迁回北京老宅，后又移居北京西郊，靠卖字画和朋友救济为生。曹雪芹素性放达，爱好广泛，对金石、诗书、绘画、园林、中医、织补、工艺、饮食等均有所研究。他以坚韧不拔的毅力，历经多年艰辛，终于创作出极具思想性、艺术性的伟大作品——《红楼梦》。

《红楼梦》，中国古典四大名著之首，章回体长篇小说。早期仅有前八十回抄本流传，八十回后部分未完成且原稿佚失，原名《石头记》。程伟元邀请高鹗协同整理出版一百二十回全本，定名《红楼梦》。《红楼梦》是一部具有世界影响力的小说，举世公认的中国古典小说巅峰之作，中国封建社会的百科全书，传统文化的集大成者。小说以贾、史、王、薛四大家族的兴衰为背景，以贾府的家庭琐事、闺阁闲情为中心，以贾宝玉、林黛玉、薛宝钗的爱情婚姻故事为主线，描写了以贾宝玉和金陵十二钗为中心的有情人的人性美和悲剧美，歌颂追求光明的叛逆人物，通过叛逆者的悲剧命运预见封建社会必然走向灭亡，揭示出封建末世的危机。

（六）勤勤恳恳

【解释】 形容对人对事诚恳、热情。亦指工作勤奋、踏实，一丝不苟。

【出处】 汉·司马迁《报任少卿书》："曩者辱赐书，教以慎于接物，推贤进士为务，意气勤勤恳恳。"

《报任少卿书》，也称《报任安书》，是西汉史学家、文学家司马迁写给其友人任安的一封回信。司马迁以激愤的心情，陈述了自己的不幸遭遇，抒发了内心的痛苦，说明因为《史记》未完，他决心放下个人得失，相比"死节"之士，体现出一种进步的生死观。行文大量运用典故，用排比的句式一气呵成，对偶、引用、夸张的修辞手法穿插其中，气势宏伟。这篇文章对后世了解司马迁的生活，理解他的思想具有不可替代的作用。

（七）凿壁偷光

【解释】西汉匡衡幼时，因家贫买不起蜡烛，因此凿穿墙壁引邻舍之烛光读书，终成一代名相。凿壁偷光形容家贫而读书刻苦。

【出处】《西京杂记》卷二："匡衡，字稚圭，勤学而无烛，邻舍有烛而不逮。衡乃穿壁引其光，以书映光而读之。"

匡衡自幼勤奋好学，白天外出干活，只有到晚上才能看书学习。因家贫买不起蜡烛，邻家有蜡烛，但光亮照不到他家，匡衡就在墙壁上凿了洞引来邻家的光亮，照着读书。县里有个大户人家叫文不识，家中富有，有很多书。匡衡就到他家去做雇工，但不要报酬。主人感到很奇怪，问他为什么这样，他说："我想读遍您家的书。"主人听了，深为感叹，就借给匡衡书（用书资助匡衡）。后来匡衡成了大学问家。

（八）闻鸡起舞

【解释】原意为听到鸡啼就起来舞剑，后来比喻有志报国的人即时奋起。

【出处】《晋书·祖逖传》："（祖逖）与司空刘琨俱为司州主簿，情好绸缪，共被同寝。中夜闻荒鸡鸣，蹴琨觉曰：'此非恶声也。'因起舞。"

东晋范阳道县（今河北涞水）人祖逖是个胸怀坦荡、具有远大抱负的人。可他小时候却是个不爱读书的淘气孩子。进入青年时代，他意识到自己知识的贫乏，深感不读书无以报效国家，于是就发奋读起书来。他广泛阅读书籍，认真学习历史，从中汲取了丰富的知识，学问大有长进。他曾几次进出京都洛阳，接触过他的人都说，祖逖是个能辅佐帝王治理国家的人才。祖逖二十四岁的时候，曾有人推荐他去做官，他没有答应，仍然不懈地努力读书。和好友刘琨每天鸡叫后就起床练剑，剑光飞舞，剑声铿锵。冬去春来，寒来暑往，从不间断。功夫不负有心人，经过长期的刻苦学习和训练，他们终于成为能文能武的全才。祖逖被封为镇西将军，实现了他报效国家的愿望；刘琨做了征北中郎将，兼管并、冀、幽三州的军事，也充分发挥了他的文才武略。

（九）秉烛达旦

【解释】达：到。旦：天亮。手持点燃的蜡烛直到天亮。指人们辛勤工作到深夜，直到第二天早上。也叫通宵达旦。

【出处】明·罗贯中《三国演义》第二十五回："关公乃秉烛立于户外，自夜达旦，毫无倦色。"

罗贯中（约1330—1400年），名本，字贯中，号湖海散人，元末明初小说家。山西太原府人，主要作品有小说《三国志通俗演义》《隋唐两唐志传》《残唐五代史演传》《三遂平妖传》，其中《三国志通俗演义》（又称《三国演义》）是罗贯中的代表作。

《三国演义》，中国古典四大名著之一，中国第一部长篇章回体历史演义小说。以描写东汉末年的战争为主，反映了魏、蜀、吴三个政治集团之间的政治和军事斗争。分为黄巾之乱、董卓之乱、群雄逐鹿、三国鼎立、三家归晋五大部分。在广阔的背景下，上演了一幕幕气势磅礴的战争场面。本书反映了丰富的历史内容，人物名称、地理名称、主要事件和人物性格与《三国志》基本相同，是在固定形象基础上，进行再发挥，这也是历史演义小说的套路。本书一方面反映了真实的三国历史，照顾到读者希望了解真实历史的需要；另一方面，根据明朝社会的实际情况对三国人物进行了夸张、美化、丑化等。全书反映了三国时代的政治军事斗争，反映了三国时代各类社会矛盾的转化，并概括了这一时代的历史巨变，塑造了一批叱咤风云的三国英雄人物，让读者深刻感受到三国英雄的人物特点。

（十）悬梁刺股

【解释】这个成语由两个故事组成，后人将这两个故事合成"悬梁刺股"一句成语，用以激励人发愤读书学习。

【出处1】东汉·班固《汉书》："孙敬，字文宝，好学，晨夕不休。及至眠睡疲寝，以绳系头，悬屋梁。"

东汉时候，有个人名叫孙敬，是著名的政治家。他年轻时勤奋好学，经常关起门，独自一人不停地读书。每天从早读到晚，常常废寝忘食。读书时间长，劳累了，还不休息。时间久了，疲倦得直打瞌睡，他怕影响自己的读书学习，就想出了一个特别的办法。他找一根绳子，一头牢牢地绑在房梁上，另一头系在头发上，当他打盹时，头一低，绳子就会牵住头发，把头皮扯痛了，他就马上清醒了，再继续读书学习。这就是孙敬悬梁的故事。

【出处2】西汉·刘向《战国策·秦策一》："（苏秦）读书欲睡，引锥自刺其股，血流至踵。"

战国时期，有一个人名叫苏秦，也是著名的政治家。他年轻时，由于学问不多不深，到好多地方做事，都不受重视。回家后，家人对他也很冷淡，瞧不起他。这对他的刺激很大。所以，他下定决心，发奋读书。他常常读书到深夜，很疲倦，常打盹，直想睡觉。他也想出了一个方法，准备一把锥子，一打瞌睡，就用锥子往自己的大腿上刺一下。这样，猛然间感到疼痛，使自己清醒起来，再坚持读书。这就是苏秦刺股的故事。

（十一）囊萤映雪

【解释】囊萤：包着的萤火虫。映雪：利用雪的反光。来源于古时的两个小故事，形容即使家境贫穷，仍夜以继日，苦学不倦。

【出处】元·贾仲名《萧淑兰》第一折："虽无汗马眠霜苦，曾受囊萤映雪劳。"

囊萤：晋代的车胤从小好学不倦，但因家境贫困，父亲无法为他提供良好的学习环境。为了维持温饱，没有多余的钱买灯油供他晚上读书。为此，他只能利用白天时间背诵诗文。夏天的一个傍晚，他正在院子里背一篇文章，忽见许多萤火虫在低空中飞舞。一闪一闪的光点，在黑暗中显得有些耀眼。他想，如果把许多萤火虫集中到一起，不就成为一盏灯了吗？于是，他去找了一只白绢口袋，随即抓了几十只萤火虫放到里面，再扎住袋口，把它吊起来。虽然不怎么明亮，但可勉强用来看书了。从此，只要有萤火虫，他就去抓一些来当作灯用。由于勤学好问，他终于取得了很大的成就，官至吏部尚书。

映雪：晋代时，孙康家贫，没钱买灯油。一天半夜，孙康从睡梦中醒来，把头侧向窗户时，发现窗缝里透进一丝光亮。原来那是大雪映出来的光。他发现可以利用它来看书。于是他倦意顿失，立即穿好衣服，取出书籍，来到屋外。宽阔的大地上映出的雪光，比屋里要亮多了。孙康不顾寒冷，立即看起书来，手脚冻僵了，就起身跑一跑，同时搓搓手指。此后，每逢有雪的晚上，他就不放过这个好机会，孜孜不倦地读书。这种苦学的精神，促使他的学识突飞猛进，他终成饱学之士。后来，他官至御史大夫。

（十二）程门立雪

【解释】 旧指学生恭敬受教。比喻求学心切和对有学问长者的尊敬，尊师重教。

【出处】 《宋史·杨时传》："至是，又见程颐于洛（今洛阳），时盖年四十矣。一日见颐，颐偶瞑坐，时与游酢侍立不去。颐既觉，则门外雪深一尺矣。"

杨时，字中立，剑南将乐人。小时候非常聪颖，善于写文章。年纪稍大一点后，专心研究经史书籍。宋熙宁九年（1076年）进士及第，当时，河南人程颢和弟弟程颐在熙宁、元丰年间讲授孔子和孟子的学术精要（即理学），河南洛阳这些地方的学者都去拜他们为师，杨时也在颖昌以拜师礼节拜程颢为师，师生相处得很好。杨时回家的时候，程颢目送他说："我的学说将向南方传播了。"又过了四年程颢去世了，杨时听说以后，在卧室设了程颢的灵位哭祭，又用书信讣告同学。程颢死了以后，杨时又到洛阳拜见程颐，这时杨时大概四十岁了。一天杨时拜见程颐时，程颐正在打瞌睡，杨时与同学游酢恭敬地站在门外没有离开，等到程颐睡醒时，门外的雪已经一尺多深了。杨时的德行和威望一日比一日高，四方之人士不远千里与之相交游，其号为龟山先生。

四、"廉洁奉公"话廉明

（一）廉洁奉公

【解释】 廉洁：清白，比喻品行端正，有气节。奉公：奉行公事。奉表示恭敬地用手捧着，有尊重、遵守之意；公是指正直无私。廉洁不贪，忠诚履行公职，一心为公。

【出处】 孙力《都市风流》第十二章："你廉洁奉公，不就是个大公务员吗？"

孙力，原名孙利，河北定州人，中共党员。1974年毕业于天津师范大学中文系。1969年参加内蒙古生产建设兵团，曾任天津青年报社社长、总编辑，天津青少年报刊总社社长、总编辑，享受政府特殊津贴。1981年开始发表作品，1991年加入中国作家协会。著有长篇小说《但愿人长久》《都市风流》，中短篇小说集《枣花蜜》，电影电视文学剧本《走向冰川》《真诚》《观世音传奇》以及散文、报告文学等多篇。中篇小说《选择》《真诚》获天津第二、三届鲁迅文学奖，广播连续剧《选择》获全国广播剧一等奖及天津鲁迅文学奖，另有长篇小说获天津第四届鲁迅文学特别奖，长篇小说《都市风流》获第三届茅盾文学奖，并被用英法两种文字译介到海外。

（二）洁己奉公

【解释】保持自身廉洁，一心奉行公事。

【出处】《宋书·林邑传》："法命肃齐，文武毕力，洁己奉公，以身率下。"

　　《宋书》是一部记述南朝刘宋一代历史的纪传体史书。南朝梁沈约撰，含本纪十卷、志三十卷、列传六十卷，共一百卷。今本个别列传有残缺，少数列传是后人用唐高峻《小史》《南史》所补。八志原排在列传之后，后人移于本纪、列传之间，并把律历志中律与历两部分分割开。《宋书》收录当时的诏令奏议、书札、文章等各种文献较多，保存了原始史料，有利于后代的研究。该书篇幅大，一个重要原因是很注意为豪门士族立传。

（三）轻车简从

【解释】行装简单，跟随的人少。多指有地位的人出行时行装简单，随从少。

【出处】清·刘鹗《老残游记》第八回："他就向县里要了车，轻车简从的向平阴进发。"

　　刘鹗（1857—1909年），江苏丹徒（今镇江市）人，清末小说家。原名孟鹏，后更名为鹗，字铁云，又字公约，号老残，署名"洪都百炼生"。刘鹗自青年时期拜从太谷学派李光之后，终生主张以"教养"为大纲，发展经济生产，富而后教，养民为本的太谷学说。他一生从事实业，投资教育，为的就是能够实现太谷学派"教养天下"的目的。而他之所以能屡败屡战、坚韧不拔，太谷学派的思想可以说是他的精神支柱。

　　《老残游记》是清末四大谴责小说之一，是刘鹗的代表作，流传甚广。小说以一位走方郎中老残的游历为主线，对社会矛盾开掘很深。尤其是他在书中敢于直斥清官误国，清官害民，独具慧眼地指出清官的昏庸常常比贪官更甚，这一点对清廷官场的批判是切中时弊、独具慧眼的，其描写技术受到胡适的盛赞。同时，小说在民族传统文化精华提炼、生活哲学及艺术、女性审美和平等、人物心理及音乐景物描写等多方面皆达到了极其高超的境界。

（四）公正廉明

【解释】 公平正直，廉洁清明。

【出处】 清·李宝嘉《官场现形记》第三十七回：“像大帅这样公正廉明，做属员的人，只要自己谨慎小心……还愁将来不得差缺吗？”

李宝嘉（1867—1906年），字伯元，别号南亭亭长，江苏武进（今常州）人。李伯元生于世宦之家，自幼聪慧好学，兴趣广泛，每当夜深人静之际，淡月孤灯之下，攻读不止。他擅长制艺诗赋，善于绘画篆刻，懂得金石考据，可谓多才多艺。他少年时期就考取了秀才，名列第一，但始终未能考中举人，仕途失意，这导致他后来思想产生变化，他痛感官场黑暗，敢于加以揭露鞭挞。他是个多产的作家，其构思之敏，写作之快，极为少见，晚清时期以一部《官场现形记》而留名青史。

《官场现形记》，晚清谴责小说。小说最早在陈所发行的《世界繁华报》上连载，共五编六十回，是我国近代第一部在报刊上连载并取得轰动效应的长篇章回体小说。它由三十多个相对独立的官场故事连缀起来，涉及清政府中上自皇帝、下至佐杂小吏等，开创了近代小说批判现实的风气。鲁迅将《官场现形记》与其他三部小说并称为谴责小说，是清朝晚期文学代表作品之一。1998年，香港《亚洲周刊》评选20世纪100部优秀文学作品，《官场现形记》位列前十名。1999年，人民文学出版社评选20世纪100部优秀小说，《官场现形记》位列排行榜第一名。

（五）大法小廉

【解释】 旧时指大臣尽忠，小臣尽职。

【出处】 西汉·戴圣《礼记·礼运》：“大臣法，小臣廉，官职相序，君臣相正，国之肥也。”

《礼记》，儒家经典之一，由西汉戴圣对秦汉以前各种礼仪论著加以辑录、编纂而成，共四十九篇，记载战国以后及西汉时期社会的变动，包括社会制度、礼仪制度和人们观念的继承和变化。四十九篇分属于制度、通论、名堂阴阳、丧服、世子法、祭祀、乐记、吉事等，它阐述的思想，包含社会、政治、伦理、哲学、宗教等各个方面，其中《大学》《中庸》《礼运》等篇有较丰富的哲学思想。东汉末年，著名学者郑玄为《小戴礼记》做了出色的注解，后来这个本子便盛行不衰，并由解说经文的著作逐渐成为经典。

《礼运》是《礼记》篇名，是战国末年或秦汉之际儒家学者托名孔子答问的著作。

（六）因陋就简

【解释】因：依着，沿袭。陋：简陋。就：将就。简：不精。原意是因循原来的简陋，不求改进。后指就着原来简陋的条件办事。

【出处】汉·刘歆《移书让太常博士》："苟因陋就寡，分文析字。烦言碎辞，学者罢老且不能究其一艺。"

刘歆（约公元前50—23年），字子骏，建平元年（公元前6年）改名刘秀，汉高祖刘邦四弟楚元王刘交之后，名儒刘向之子。中国儒学史上的一个重要人物，后因谋诛王莽事败自杀。刘歆是西汉后期的著名学者，古文经学的真正开创者。他不仅在儒学上很有造诣，而且在校勘学、天文历法学、史学、诗等方面都堪称大家，他编制的《三统历谱》被认为是世界上最早的天文年历的雏形。此外，他在圆周率的计算上也有贡献，他是第一个不沿用"周三径一"的中国人，并定该重要常数为3.15471。

（七）礼义廉耻

【解释】古人认为礼为贵贱尊卑，义为行动准绳，廉为廉洁方正，耻为有知耻之心。指社会的道德标准和行为规范。

【出处】《管子·牧民》："国有四维，一维绝则倾，二维绝则危，三维绝则覆，四维绝则灭。……何谓四维？一曰礼，二曰义，三曰廉，四曰耻，礼不逾节，义不自进，廉不蔽恶，耻不从枉。故不逾节则上位安，不自进则民无巧诈，不蔽恶则行自全，不从枉则邪事不生。"

管仲（公元前723—前645年），姬姓，管氏，名夷吾，字仲，谥敬，春秋时期法家代表人物。被称为管子、管夷吾、管敬仲，颍上（今安徽省阜阳市颍上县）人，周穆王的后代。中国古代著名的哲学家、政治家、军事家，被誉为"法家先驱""圣人之师""华夏文明的保护者""华夏第一相"，被道教列奉为"丙申太岁管仲大将军"。管子是先秦诸子中法家学派的代表人物，这一学派的思想集中体现于《管子》一书。该书篇幅宏伟，内容复杂，思想丰富。

如《牧民》《形势》等篇霸政法术；《侈靡》《治国》等篇论经济生产，此亦为《管子》精华，可谓齐国称霸的经济政策；《七法》《兵法》等篇言兵法；《宙合》《枢言》等篇谈哲学及阴阳五行等；其余如《大匡》《小匡》《戒》《弟子职》《封禅》等为杂说。《管子》是研究我国古代特别是先秦学术文化思想的重要典籍。

（八）摆袖却金

【解释】比喻为人廉洁，不受贿赂。

【出处】唐·韩愈《顺宗实录》第五卷："执谊为翰林学士，受财为人求科第，夏卿不应，乃探出怀中金以内夏卿袖，夏卿……摆袖引身而去。"

《顺宗实录》共五卷，作者是一代文豪、号称"文起八代之衰"的大文学家韩愈。有人认为韩愈和宦官俱文珍等关系密切，因而这一实录中涉及宦官的文字语多回护，但它毕竟是留下了有关顺宗及其时期有关情况的第一手记录，弥足珍贵。

（九）冰壶秋月

【解释】比喻人品德清白廉洁。

【出处】宋·苏轼《赠潘谷》诗："布衫漆黑手如龟，未害冰壶贮秋月。"

《赠潘谷》是苏轼所作的七言诗，全文如下：

潘郎晓踏河阳春，明珠白璧惊市人。
那知望拜马蹄下，胸中一斛泥与尘。
何似墨潘穿破褐，琅琅翠饼敲玄笏。
布衫漆黑手如龟，未害冰壶贮秋月。
世人重耳轻目前，区区张李争嫮妍。
一朝入海寻李白，空看人间画墨仙。

（十）不饮盗泉

【解释】盗泉：古泉名，在山东泗水县。比喻为人廉洁。古人有"志士不饮盗泉之水，廉者不食嗟来之食"之说。

【出处】尸佼《尸子》："（孔子）过于盗泉，渴矣而不饮，恶其名也。"
尸佼，战国时期著名的政治家、思想家，先秦杂家代表人物。魏国曲沃

（今山西曲沃）人，一说为山东人。明于刑名之术，尊称"尸子"。著有《尸子》一书，是战国时期楚国黄老学派的一部重要著作。

《尸子》中提出"四方上下曰宇，往古来今曰宙"。这是迄今在中国典籍中找到的与现代"时空"概念最好的对应。他对于空间观、时间观也做了进一步论述，并对"学积有生""从道必吉""重民"等观点做过重要阐述。汇合了先秦各派学说，而这正是道家的优点与特色。他一生对社会改革及哲学发展都做出了重大贡献。

（十一）冷面寒铁

【解释】比喻公正廉洁，不怕权贵的官员。

【出处】《明史·周新传》："敢言词多所弹劾，贵戚震惧，目为冷面寒铁。"

周新（？—1413年），明朝广州府南海县人，世居广州城南高第里。原名周志新，字日新，因明成祖朱棣常直呼其为"新"，遂以"新"为名，以"志新"为字。洪武年间以诸生身份进入太学，建文元年（1399年）以乡贡进士被任命为大理寺评事，其后历任监察御史、云南按察使、浙江按察使，以为官清廉、善于断案而著称。他疾恶如仇、铁面无私、耿直敢言，人称"冷面寒铁"。永乐十一年（1413年），周新遭锦衣卫指挥使纪纲诬陷，含冤而死。1416年，纪纲因罪伏法，周新的沉冤才得以昭雪。周新任浙江按察使期间为民伸冤、执政为民，广受百姓称颂。

（十二）两袖清风

【解释】衣袖中除清风外，别无所有。比喻做官廉洁。也比喻穷得一无所有。现多数比喻为官清廉，不贪赃枉法，严于律己的人。

【出处】元·陈基《次韵吴江道中》诗："两袖清风身欲飘，杖藜随月步长桥。功名利禄皆淡泊，优哉游哉自逍遥。"

陈基，元末明初诗人，字敬初，临海（元末苏州）人。著有《夷白斋稿》三十五卷、外集一卷，《四库总目》行于世。

五、"穷奢极侈"话戒奢

（一）穷奢极侈

【解释】穷：极。奢、侈：奢侈。极端奢侈，尽量享受。形容挥霍浪费，荒淫腐化。也说"穷奢极欲"。

【出处】南朝宋·范晔《后汉书·陆康传》："末世衰主，穷奢极侈，造作无端。"

范晔（398—445年），字蔚宗，顺阳（今河南南阳淅川）人，南朝宋史学家、文学家。范晔出身士族家庭，元熙二年（420年），刘裕代晋称帝，范晔应召出仕，任彭城王刘义康门下冠军将军、秘书丞；元嘉九年（432年），因得罪刘义康，被贬为宣城太守，于任内著写《后汉书》。元嘉十七年（440年），范晔投靠始兴王刘浚，历任后军长史、南下邳太守、左卫将军、太子詹事。元嘉二十二年（445年），因参与刘义康谋反，事发被诛，时年四十八岁。范晔才华横溢，史学成就突出，其著的《后汉书》结构严谨，与《史记》《汉书》《三国志》并称"前四史"。

《后汉书》分十纪、八十列传和八志（司马彪续作），全书主要记述了上起东汉的汉光武帝建武元年（25年），下至汉献帝建安二十五年（220年），共一百九十五年的史事。北宋时，有人把晋朝司马彪《续汉书》志三十卷（刘昭注），与之合刊，成今天《后汉书》。《后汉书》结构严谨，编排有序。如八十列传，大体是按照时代的先后进行排列的。最初的三卷为两汉之际的风云人物。其后的九卷是光武时代的宗室王侯和重要将领。《后汉书》的进步性还体现在勇于暴露政治黑暗，同情和歌颂正义的行为方面。它一方面揭露鱼肉人民的权贵，另一方面又表彰那些刚强正直、不畏强暴的中下层人士，它是一部记载东汉历史的纪传体史书。

（二）乘肥衣轻

【解释】肥：肥壮的马。衣：穿。轻：轻暖的裘衣。驾驭肥壮的马，穿着贵重的衣服。形容生活奢侈豪华。

【出处1】《论语·雍也》："赤之适齐也，乘肥马，衣轻裘。"

雍也篇是《论语》的其中一篇，《论语》共有二十篇。本篇涉及"中庸之道"、"恕"的学说、"文质"思想，还包括如何培养"仁德"的一些主张。

【出处2】《三国志·魏书·王粲传》裴松之注引《魏氏春秋》："钟会，名公子，以才能贵幸，乘肥衣轻，宾从如云。"

王粲（177—217年），字仲宣。山阳郡高平县（今山东邹城）人。东汉末年文学家，"建安七子"之一。少有才名，为著名学者蔡邕所赏识。初平二年（191年），因关中骚乱，前往荆州依靠刘表，客居荆州十余年，有志不伸，心怀颇郁郁。建安十三年（208年），曹操南征荆州，不久，刘表病逝，其子刘琮举州投降，王粲也归曹操，深得曹氏父子信赖，赐爵关内侯。建安十八年（213年），魏王国建立，王粲任侍中。建安二十二年（217年），王粲随曹操南征孙权，于北还途中病逝，终年四十一岁。王粲善属文，其诗赋为建安七子之冠，又与曹植并称"曹王"。著《英雄记》，《三国志·王粲传》记王粲著诗、赋、论、议近六十篇。

（三）雕墙峻宇

【解释】彩绘的墙壁和高大的屋宇。形容居处豪华奢侈。同"峻宇雕墙"。

【出处】《周书·武帝纪下》："非直雕墙峻宇，深戒前王，而缔构弘敞，有逾清庙。"

《周书》，中国历代正史"二十四史"之一，记载了北周宇文氏建立的周朝史事（557—581年）的纪传体史书。唐朝令狐德棻主编，参与编写的还有岑文本和崔仁师等人。贞观三年（629），唐太宗诏修梁、陈、齐、周、隋五代史，成书于贞观十年（636年），共五十卷，本纪八卷、列传四十二卷。

（四）池酒林胾

【解释】胾，切成大块的肉。形容酒肉极多，生活奢侈。

【出处】《史记·殷本纪》："（帝纣）大聚乐戏于沙丘，以酒为池，悬肉为林，使男女裸相逐其间，为长夜之饮。"

《殷本纪》出自《史记》卷三，作者为我国西汉时期的史学家司马迁。商朝是中国历史上的第二个朝代，从公元前17世纪至公元前11世纪，前后相传十七世三十一王，延续约六百年时间。相传商的始祖契曾帮助禹治水有功而受封于商（今河南商丘），以后就以"商"来称其部落（或部族）。汤灭夏后，就以"商"作为国号。其后裔盘庚迁殷（今河南安阳西北）后，首都没有再变化过，故又以称"殷朝"或"殷商"。

（五）灯红酒绿

【解释】绿：绿色。古代有的酒的颜色，如翡翠一般，清凉透明，相当漂亮。灯光酒色，红绿相映，令人目眩神迷。形容夜饮聚会的情景，后多形容奢侈糜烂的生活。

【出处】清·吴趼人《二十年目睹之怪现状》第三十三回："（玉生）侧着头想了一会道'灯红酒绿'好吗？"

《二十年目睹之怪现状》，是一部带有自传性质的作品，晚清四大谴责小说之一。以主人公的经历为主要线索，从他为父亲奔丧开始，到经商失败结束。通过"九死一生"二十年间的遭遇和见闻，描述了当时日益衰败的中国封建社会的政治状况、道德面貌、社会风尚及世态人情，揭露了晚清社会和封建制度行将灭亡、无可挽救的历史命运。

（六）鼎铛玉石

【解释】视鼎如铛，视玉如石。形容生活极端奢侈。

【出处】唐·杜牧《阿房宫赋》："鼎铛玉石，金块珠砾。"

杜牧（828—853年），字牧之，号樊川居士，汉族，京兆万年（今陕西西安）人。杜牧是唐代杰出的诗人、散文家，是宰相杜佑之孙，杜从郁之子。唐文宗大和二年（828年）中进士，授弘文馆校书郎。后赴江西观察使幕，转淮南节度使幕，又入观察使幕，历任国史馆修撰、膳部、比部、司勋员外郎，黄州、池州、睦州刺史等职。因晚年居长安南樊川别墅，故后世称其为"杜樊川"，著有《樊川文集》。杜牧的诗歌以七言绝句著称，内容以咏史抒怀为主，其诗英发俊爽，多切经世之物，在晚唐成就颇高。杜牧人称"小杜"，以别于杜甫"大杜"，与李商隐并称"小李杜"。

《阿房宫赋》是杜牧创作的一篇借古讽今的赋体散文。他通过描写阿房宫的兴建及其毁灭，生动形象地总结了秦朝统治者骄奢亡国的历史经验，向唐朝统治者发出了警告，表现出一个封建时代正直文人忧国忧民、匡时济俗的情怀。全文运用了想象、比喻与夸张等手法以及描写、铺排与议论等方式，骈句散行，错落有致。

（七）画卵雕薪

【解释】在鸡蛋、薪木上雕画图形。这是古代富豪生活穷奢极侈的一种表现。

【出处】北魏·杨衒之《洛阳伽蓝记·法云寺》："晋室石崇乃是庶姓，犹能雉头狐腋，画卵雕薪，况我大魏天王，不为华侈？"

杨衒之，北魏散文家。杨或作阳，又误作羊，北平（今河北满城）人。曾任奉朝请、期城郡太守、抚军府司马、秘书监。博学能文，精通佛教经典。东魏武定五年（547年），杨衒之行经北魏旧都洛阳，时在丧乱之后，目睹贵族王公耗费巨资所建之佛寺已多成废墟，深有所感，乃著《洛阳伽蓝记》一书，记录洛阳及城郊诸大寺之建寺缘起及建筑结构、北魏时洛阳佛寺园林兴衰梗概，还记载了当地人物、风俗、地理及传闻掌故，文中揭露北朝贵族官僚穷奢极欲，寓有讥评之意。

《洛阳伽蓝记》简称《伽蓝记》，中国古代佛教史籍。后世将《洛阳伽蓝记》与郦道元的《水经注》、颜之推的《颜氏家训》并称为中国北朝时期的三部杰作。本书在历代正史的"艺文志"中皆有著录，但其祖本早已佚失。现所见的《洛阳伽蓝记》都以宋刻本为祖本，源流颇杂。《四库全书》将其列入史部地理类。对于该书的研究自20世纪以来已取得不少成果，特别是在文学、史学、城市规划建筑等方面。一般认为，在宗教佛学、中古文学、语言学、中外文化交流史等领域，本书尚有不小的研究空间。在传播影响上，《洛阳伽蓝记》早有日、韩、英等若干语种译本，在国际汉学界有一定的地位。

（八）侯服玉食

【解释】侯服：王侯之服。玉食：珍美食品。穿王侯的衣服，吃珍贵的食物。形容豪华奢侈的生活。

【出处】《汉书·叙传下》："侯服玉食，败俗伤化。"

（九）浆酒霍肉

【解释】把酒肉当作水浆、豆叶一样。形容饮食奢侈浪费。

【出处】东汉·班固《汉书·鲍宣传》："使奴从宾客，浆酒霍肉，苍头庐儿，皆用致富。"

鲍宣，西汉大夫，字子都。渤海高城（今河北盐山东南）人，出身农家，少好学，明经。后得举孝廉，入为郎官。因学识渊博，品行高洁，被大司马王商征召，荐为议郎，哀帝初大司空何武又举荐为谏大夫。

鲍宣秉性耿直，"常上书谏争，其言少文多实"。鲍宣忠于职守，敢于执法，不屑苟诶。一次，丞相孔光出视辕陵，随从官吏不行旁道，驱车在中央驰道乱跑。这在当时是犯法的，正巧被鲍宣遇见，他即命左右将孔光从吏拘捕，车马充公。孔光恨鲍宣不顾情面，由此耿耿于怀，千方百计排挤鲍宣。宠信孔光的汉哀帝便不问是非，派人到司隶府抓人，鲍宣闭门拒命。这下触怒了皇帝，便被以"无人臣礼，大不敬之道"的罪名逮捕下狱，定为死罪。后被免去死罪，改罚刑，流放上党长子。鲍宣发现长子这里宜农宜牧，又少盗贼，便把家从河北迁来定居。

王莽篡汉后，极力排除打击"汉忠直臣"，处死达数百人，鲍宣亦未能免。公元3年，鲍宣与大司空何武同时下狱致死。公元25年，东汉光武帝刘秀登基，大赦天下，下诏褒扬鲍宣并准荫其子孙"至大官"。长子县南鲍村有"汉司隶鲍宣"墓碑及墓志铭，千百年来，上党长子被视为汉司隶鲍宣故里。

（十）金迷纸醉

【解释】醉：醉人。迷：被迷住。原意是被光芒四射的金纸所迷住。后用来形容奢侈豪华、腐朽享乐的生活。

【出处】宋·陶穀《清异录》："（痛医孟斧）有一小室，窗牖焕明，器皆金纸，光莹四射，金采夺目，所亲见之，归语人曰：'此室暂憩，令人金迷纸醉。'"

陶穀（903—970年），字秀实，本姓唐，后晋时期因避后晋高祖石敬瑭的名讳，改姓为陶。邠州新平（今陕西彬县）人，北宋大臣。幼年时，陶穀父亲被邠州节度使杨崇本杀害，他随母亲改嫁到杨家，十几岁便善写文章。陶穀早年历仕后晋、后汉、后周，曾先后担任单州判官、著作佐郎、监察御史、知制诰、仓部郎中、中书舍人、给事中、户部侍郎、兵部侍郎、吏部侍郎、翰林学士承旨等官职。北宋建立后，陶穀出任礼部尚书，后又历任刑部尚书、户部尚书。开宝三年（970年）病逝，追赠右仆射。

《清异录》，是陶穀杂采隋唐至五代典故所写的一部随笔集，最早完成于五代末至北宋初，是古代汉族文言琐事小说。书中包括天文、地理、草木等三十七个门类，共有六百四十八条有关内容。保存了中国文化史和社会史方面的很多重要史料，书中一半以上的条目被《辞源》和《汉语大词典》采录，其价值可见一斑。该书宋本已经不存，而各种传世版本甚多，内容文字差别颇大。现在的通行本是在元代孙道明的映雪斋残抄本和明代《说郛》抄本基础上形成的。

（十一）日食万钱

【解释】每天的饮食耗费上万的钱。形容生活极其奢侈。也可形容俸薪丰厚。

【出处】《晋书·何曾传》："食日万钱，犹曰无下箸处。"

何曾（199—278年），西晋大臣，开国元勋。原名瑞谏，又名谏，字颖考，曹魏太子太傅何夔之子，何遵、何邵之父。魏明帝时为平原侯。明帝即位，擢散骑侍郎，迁典农中郎将，主张为政之本在于得人。何曾与曹魏权臣司马懿私交深厚，司马炎袭父爵为晋王时，何曾为丞相，在废曹立晋的过程中起了相当重要的作用，因此，晋朝一建立，他官拜太尉，直至太保兼司徒，晋封为朗陵公。朝会之时，何曾享受坐车佩剑的特权，可谓一人之下，万人之上。咸宁四年（278年）卒，先谥曰孝，太康末改谥曰元。

（十二）象箸玉杯

【解释】 象箸：象牙筷子。玉杯：犀玉杯子。形容生活奢侈。

【出处】 《韩非子·喻老》："象箸玉杯，必不羹菽藿，必旄象豹胎。"《史记·宋微子世家》："纣始为象箸，箕子叹曰：'彼为象箸，必为玉杯。'"

韩非（约公元前280—前233年），战国时期韩国（今河南西平县）人，战国末期杰出的思想家、哲学家和散文家。韩非子将商鞅的"法"、申不害的"术"和慎到的"势"集于一身，是法家思想的集大成者。

第二章

古文诗词中的俭与奢

勤俭观念在我们的古代诗词中早有体现。据《尚书》记载，舜帝对大禹就有"克勤于邦，克俭于家"（《尚书·大禹谟》）的赞语。

春秋战国时期，虽然政治上动荡不堪，但在学术上却是黄金时代，各种思想像火山爆发般喷涌出来，涌现出了一大批思想巨匠和繁多的思想流派。他们留下了许多关于勤俭的名言警句。这些尚勤戒惰、倡俭抑奢的思想和观点，充满着人生哲理，成为中华民族勤俭精神的营养之源。

我国古代不同学派在许多问题上都存在着不同意见，但在把勤俭作为一种基本生活态度方面，是基本一致的。儒家经典《左传》中说：节俭，乃是善行中的大德；奢侈，乃是邪恶中的大恶。墨子说：节俭一定带来昌盛，奢侈享乐必然导致毁灭。道家学派创始人老子将节俭列为"道"的三件法宝，说由于保持着节俭的生活方式，人才能够具有不断开拓进取的精神。法家集大成者韩非说：聪明人节俭地使用他的财富；君主节制地使用士兵参加战争，人民就众多，人民众多国土就广大。

一、儒家：自强不息，俭不违礼

以孔子为代表的儒家以自强不息的精神、"知其不可而为之"的气概，鼓舞人们不怕困难，积极从事经济生产。孔子在回答主张消极无为的避世隐者时说："鸟兽不可与同群，吾非斯人之徒与而谁与？天下有道，丘不与易也。"意思是说，人类不能退回山林与鸟兽同居，如果大自然不需改造就符合人类所求，那么人生在世还有什么意义和作为可言呢？他说："譬如为山，未成一篑，止，吾止也。譬如平地，虽覆一篑，进，吾往也。"孔子这种顽强进取的精神对后世产生了深远影响。孟子认为要完成经世济民的大业，"必先苦其心志，劳其筋骨，饿其体肤"，要居天下之广居，立天下之正位，行天下之大道。

　　节俭是儒家在消费领域的一贯主张。孔子一生尚俭，他不仅把俭与温、良、恭、让一同列为人的基本道德准则，更将其作为一种生活方式，践行于日常生活之中。即使"饭疏食，饮水，曲肱而枕之"，孔子也能"乐亦在其中矣"。（《论语·述而》）不过孔子主张节俭要依礼而行，"克己复礼""非礼勿视、非礼勿听、非礼勿言、非礼勿动"，个人消费不能违礼，否则就是"僭越"。在俭与奢之间，孔子认为俭比奢好。因为"奢则不逊，俭则固。与其不逊也，宁固"（《论语·疏而》）。"林放问礼之本。子曰：'大哉问！礼，与其奢也，宁俭；丧，与其易也，宁戚。'"（《论语·八佾》）对于礼之根本这样的大问题，孔子从俭与奢的角度来回答，认为一般的礼，与其奢侈，不如节俭；与其把丧葬仪式办得尽善尽美，不如在心里真诚悲哀。孟子强烈地抨击了那种不顾民生，只顾自身享乐的统治阶层。"庖有肥肉，厩有肥马"，他把统治阶级的奢侈浪费看成"率兽而食人"的吃人行为。

　　荀子将节俭看作和自然进行斗争的一种手段，提出了"节用裕民"的主张。他说："强本而节用，则天不能贫；……本荒而用侈，则天不能使之富。"（《荀子·天论》）这里的"本"是指农业生产，意思是说，加强农业生产，节俭消费，上天也不能使其贫穷；而不搞生产，又奢侈浪费，上天也不能保证国富民裕。又说："足国之道，节用裕民，而善臧其余。节用以礼，裕民以政。彼裕民故多余。裕民则民富，……上以法取焉，而下以礼节用之，余若丘山，不时焚烧，无所臧之，夫君子奚患乎无余？故知节用裕民，则必有仁义圣良之名，而且有富厚丘山之积矣。此无他故焉，生于节用裕民也。不知节用裕民则民贫……"（《荀子·富国》）在他看来，节俭消费是富民的重要手段，奢侈浪费则会民贫国亡。荀子的节俭消费思想是针对当时统治阶级的奢靡之风提出来的，具有积极的历史意义。他还认为今日之节俭是未来消费之储备。"今人之生也，方知蓄鸡狗猪彘，又蓄牛羊，然而食不敢有酒肉。余刀布，有囷窌，然而衣不敢有丝帛。约者有筐箧之藏，然而行不敢有舆马。是何也？非不欲也，几不长虑顾后而恐无以继之故也。"（《荀子·正论篇》）这表明荀子主张节俭是从有备无患角度出发的。

二、老子：崇俭抑奢，淡泊名利

老子认为人对物质财富的追求和生活享受的渴望，是由人的欲望所驱使的。"咎莫大于欲得"。有欲即有为，它不符合道的法则。人之所以有物欲，是受了奢侈品的刺激与不良生活方式的影响。"五色令人目盲，五味令人口爽，驰骋攻猎令人心发狂……是以圣人为腹不为目，故去彼取此。"所有这些都可使人身心迷乱而耽于追求物质享受，因而"罪莫大于可欲"。因此，要抑制人的物欲自然要消除可欲之物。"不贵难得之货，使民不为盗。不见可欲，使民心不乱。是以圣人之治，虚其心，实其腹；弱其志，强其骨，常使民无知无欲。使夫知者不敢为也，为无为则无不治。"在老子看来，无知、无欲是人顺应自然的体现。"是以圣人欲不欲，不贵难得之货；学不学，复众人之所过。以辅万物之自然，而不敢为。"

老子反对奢侈的生活方式，他曾说："朝甚除，田甚芜，仓甚虚，服文采，带利剑，厌饮食，财货有余，是谓夸盗。非道也哉。"他视奢侈的生活方式为强盗行径；而认为俭能长久，奢则否。"夫我有三宝，持而宝之，一曰慈，二曰俭，三曰不敢为天下先。慈，故能勇；俭，故能广；不敢为天下先，故能成器长。今舍其慈，且勇；舍俭，且广；舍后，且先。死矣。"此所谓"物或损之而益，益之而损"。由此，老子主张处俭去奢，"是以圣人去甚、去奢"；提倡俭朴反对浮华，要求"见素抱朴"。在老子看来，俭朴的生活符合自然法则，也有益于人的身心健康。

在不欲和俭朴的基础上，老子对如何满足消费需求提出了知足准则："罪莫大于可欲，祸莫大于不知足，咎莫大于欲得。故知足之足，常足。"他认为满足人消费的标准不在于物品的多少，而在于内心的知足与否，若欲壑难填，那是莫大的祸患，而知足则体现了道的精神。他认为道不追求充盈而能不竭，就人的消费而言，知足就能"常足"。人的消费需求是以一定的经济条件为基础的，若不知足，聚敛财富，追求奢侈，只会适得其反。贪欲与奢望使人不能正确对待物我关系，而知足使人不追求财富却不贫乏。"圣人不积，既以为人己愈有；既以与人，己愈多。天之道，利而不害；人之道，为而不争。"在他看来，只有知足、不争方可长久。老子所强调的知足是"实其腹"，即获取有限的生活必需品，以维持人自身的生存。"小邦寡民，使有十百人之器而毋用，使民重死而远徙。有舟车无所乘之，有甲兵无所陈之，使民复结绳而用之。甘其食，美其服，乐其俗，安其居，邻邦相望，鸡犬之声相闻，民至老死不相往来。"这是老子的理想国，在这近乎原始的封闭的社会里，人们回归自然，虽然清贫简陋，却安居乐业，其乐融融。

三、墨子：赖力者生，节用节葬

墨家思想曾经在学派林立的先秦时代占据了显赫的地位，与儒家学派分庭抗礼，并称"显学"。墨子站在小生产劳动者的立场，深知劳作的辛苦和物质财富积累的不易，因而崇尚俭约，提倡节用、节葬、非乐，这在当时物质匮乏、广大劳动者经常饥寒交迫的时代背景下，具有进步意义。

墨子将劳动视为将人与动物区别开来的标志，认为没有劳动就没有人类的存在。他说："今人固与禽兽、麋鹿、蜚鸟、贞虫异者也。今之禽兽、麋鹿、蜚鸟、贞虫，因其羽毛以为衣裘，因其蹄蚤以为绔屦，因其水草以为饮食。故唯使雄不耕稼树艺，雌亦不纺绩织纴，衣食之财固已具矣。今人与此异者也，赖其力者生，不赖其力者不生。君子不强听治即刑政乱，贱人不强从事即财用不足。"（《墨子·非乐上》）墨子认为，贫富不取决于"天"，而取决于"力"："必使饥者得食，寒者得衣，劳者得息。"（《墨子·非命中》）依靠"力"致富，就是依靠辛勤劳动致富。富国如此，一般老百姓要想富足，也是如此。为了增加社会财富，墨家提出了"强"和"疾"这两个字，突出体现了勤苦劳动的精神。他说："今也农夫之所以早出暮入，强乎耕稼树艺，多聚菽粟而不敢怠倦者，何也？曰：'彼以为强必富，不强必贫；强必饱，不强必饥，故不敢怠倦。'今也妇人之所以夙兴夜寐，强乎纺绩织纴，多治丝麻统葛绪，捆布缲而不敢怠倦者，何也？曰：'彼以为强必富，不强必贫；强必暖，不强必寒，故不敢怠倦。'"如果农夫怠乎耕稼树艺，妇人怠乎纺绩织纴，则天下衣食之财将必不足矣（《墨子·非命下》）。墨家的这些观点，反映了在生产力不发达的农业社会中，物质财富的增加主要依靠勤苦的劳作。延长劳动时间和增加劳动强度是增加社会财富的一条主要途径。

墨子观察到了生产与消费之间的矛盾，认为生产特别是农业生产受气候等自然条件的影响较大，不稳定因素很多，"为者缓，食者众"，消费品不足是不可避免的矛盾。为了解决这个矛盾，不能靠对外掠夺，"非取外地也"，而只能靠内部努力。除了生产方面的勤劳，就是消费方面的节俭，即所谓"固本而用财，则财足"，"其生财密，其用之节也"。他明确表示："有去大人之好聚珠玉、鸟兽、犬马，以益衣裳、宫室、甲盾、五兵、舟车之数，于数倍乎？若则不难。"（《墨子·节用上》）即认为如果把生产上层统治者的奢侈品所用的人力、物力转用到生产社会必需品，就不难使国家富裕强大。墨子认为，节俭益于养民。他认为人民生活之所以贫困，不仅是因为生产力不足，与剥削者的奢侈浪费也有关联。他们住的追求"宫室台榭曲直之望，青黄刻镂之饰"；穿的追求"锦绣文采靡曼之衣，铸金以为钩，珠玉以为珮，女工作文采，男工作刻镂"；食的追求"刍豢蒸炙鱼鳖，大国累百器，小国累十器，目不能偏视，手不能偏操，口不能偏味"；丧葬则"棺椁必重，葬埋必厚，衣衾必多，文绣必繁，丘陇必巨"，还要大量的陪葬品，金玉珠玑车马，"财以成者扶而埋之"（《墨子·节葬下》）。所有这些，必然导致"厚作敛于百姓，暴夺民衣食之财"，不仅浪费大量财富，而且占用大量民力，使广大百姓生活更加贫困。因此，墨家要求限制统治阶级的豪华生活，以减轻人民的负担，减少劳役，使民"劳而不伤"；减轻租税，使民"费而不病"。

墨子进一步从治国的角度提出了"俭节则昌，淫佚则亡"的思想。他认为如果统治者能够做到节俭，民众就会由于没有外界奢侈现象的诱惑，而懂得自我供养要节俭，"是以其民俭而易治"。同时，节俭又可使国库得到积蓄。"府库实满，足以待不然；兵革不顿，士民不劳，足以征不服，故霸王之业可行于天下矣。"而统治者的淫逸，主上为之，"左右象之"，必然形成奢侈挥霍之风，结果是"富贵者奢侈，孤寡者冻馁""民饥寒并至，故为奸邪"。"以奢侈之君，御好淫僻之民，欲国无乱，不可得也。"同时，淫逸也必然导致国库的空虚。"民苦于外，府库单于内，上不厌其乐，下不堪其苦。故国离（罹）寇敌则伤，民见凶饥则亡，此皆不备之罪也"，桀纣之亡国，就缘于此。这是墨子对历史上的经验教训的总结，在后来历代兴亡的更迭中也得到了有力的证明，这是墨子的一个重要理论贡献。

中国文化博大精深，古代诗词寓意深刻，包含丰富的哲学智慧。其中有很多诗词歌赋倡导歌颂勤俭节约，讽刺抨击奢靡浪费，值得我们深入挖掘并不断吟诵，以培育我们的优良美德。这些诗词歌赋不但文辞朴实简练、对仗工整、形象生动，而且大多意味深长、一针见血、情思恳切，在给人以艺术享受的同时，也给人以刻骨铭心的启发和警示。

（一）俭必善　奢必恶——俭以立德

司马光的《训俭示廉》中有"俭，德之共也；侈，恶之大也……由俭入奢易，由奢入俭难""俭则寡欲奢则多欲""以俭立名，以侈自败""君子多欲，则贪慕富贵，枉道速祸；小人多欲，则多求妄用，败家丧身。是以居官必贿，居乡必盗"等名句。

该文是司马光写给他儿子司马康的一封家书。流传很广，影响很大。其主题正如篇名所示，那就是"训俭"，教育儿子生活要简朴。司马光是一位于学无所不通，但对于物却淡然无所好的人，生性不喜好奢华。幼年时，家人给他穿上金银华丽的衣服，他却害羞地脱掉。中进士那年，参加皇帝宴请新科进士的闻喜宴，只有他一个人没有戴花，一同考中进士的人说："这花是皇帝的赏赐，不能不戴。"他这才取了一枝戴上。平时他衣食简朴，完全出于天性，不是为了沽名钓誉。但当时社会奢侈成风，俭素被视为寒碜。面对这种风气，他不为所动，"吾心独以俭素为美，人皆嗤吾固陋，吾不以为病"。他在信中引述古代圣贤之言和先贤节俭的事例，向儿子说明，奢靡并不光荣，俭素才是真正的美德。他还以古代奢靡导致身家败亡的反面事例，训诫儿子。三国时，诸葛亮在《诫子书》中也有类似的教诲：静以修身，俭以养德。

（二）成由俭　破由奢——俭以兴国

公元前16世纪，商朝大臣伊尹曾对刚继位的太甲提出建议："慎乃俭德，惟怀永图。"（《尚书·太甲上》）要他注意节俭，认为只有俭约节用，才能永久地维持王业。

在宋代，诗人梅尧臣曾任浙江建德县令，他为官勤勉廉洁，有口皆碑。在访察民情途中，梅尧臣对于当地一些暴发户的奢靡与嚣张非常愤慨，他写了一首诗予以抨击："日击收田鼓，时称大有年。烂倾新酿酒，饱载下江船。女髻银钗满……不信有官权。"

（三）俭助廉　奢则乱——俭以养廉

廉与俭是最接近的道德规范。古人常把廉与俭合在一起使用，称之为"廉俭"，因为二者表现的都是节制，俭侧重于用度，廉侧重于获取。它们是相辅相成的，节俭是一种简洁的生活方式，有利于克制欲望，而欲望得到克制，就容易做到清廉，这就是人民所说的"俭能养廉"。对于平民百姓来说，廉的品德也是不可缺少的，干干净净做人，踏踏实实做事，可以使我们赢得别人的信任和尊重，稳稳当当地在社会上立足。

在古代社会，清廉自律主要是约束官员的一种职业道德。它是通过公职人员自身的道德修养保持廉洁的品德。古人已经意识到，"为俭可以助廉"（《宋史·范纯仁传》），廉俭是保证廉洁的重要条件。明代清官海瑞说："公以生其明，俭以养其廉，是诚为邑之要道，处世临民之龟镜也。"（《海瑞集》下编《令箴》）居官克俭，才能不是苟取，拒贿不纳。古人从清俭、清慎、清正、清严等方面保持廉洁的品德，确实难能可贵，令人肃然起敬；也使贪官污吏畏惧不当敛财，使行贿送礼者望而却步。其中，严于律己、甘于清俭是首要、基本的方面。清慎则不仅指谨慎，而且含有一种对清正耿直美德的严敬。清正在于心正身正，心不正，一物一文皆可成贪；心正，贪泉千金不改其清；是所谓"清正"也。"清严"则是从清介自守、严于律己乃至律人的角度来说的。古代清官廉吏的清正之气已升华为凛然的人格形象，使百姓肃然起敬。即使在今天，这些品性仍可供我们在廉政建设中批判继承。

廉与贪相对。因而"反贪拒贿"是廉政最基本的要求。自从国家产生以来，在位者就掌有特殊的权力，于是也就有了行贿受贿、以权谋私、贪赃枉法等腐败现象。而任何统治阶级内部对此都会有两种截然不同的态度：贪鄙者以权谋私，高洁者拒贿不纳。古人认为，廉洁不仅仅是个人道德品质问题，而且关系到政治的公正。如范仲淹说："天下官吏不廉则曲法，曲法则害民。"因此，"廉者，政之本也"（《晏子春秋·内篇》），"廉者，仕之本也"（王文禄《竹下寤言》卷二《廉戒篇》）。廉是为政之本，也是为官之本。历代有识之士，都主张以廉为宝，反对贪污。我国历朝历代出现了许多拒贿反贪的事迹，其精神都值得借鉴和发扬。

【相关链接】历代名言

●先秦名言

克勤于邦，克俭于家。　——《尚书·大禹谟》
君子所其无逸。　——《尚书·无逸》
不知稼穑之艰难，乃逸。　——《尚书·无逸》

惟日孜孜，无敢逸豫。　——《尚书·君陈》

功崇惟志，业广惟勤。　——《尚书·周官》

慎乃俭德，惟怀永图。　——《尚书·太甲上》

欲败度，纵败礼。　——《尚书·太甲中》

君子以俭德辟难。　——《周易·否》

君子以惩忿窒欲。　——《周易·咸传·损》

天行健，君子以自强不息。　——《周易·乾·象》

君子以慎言语，节饮食。　——《周易·大象》

君子丧过乎哀，用过乎俭。　——《周易·小过》

天地节而四时成。节以制度，不伤财，不害民。　——《周易·节卦》

俭，德之共也；侈，恶之大也。　——《左传·庄公二十四年》

民生在勤，勤则不匮。　——《左传·宣公十二年》

宴安鸩毒，不可怀也。　——《左传·闵公元年》

怀必贪，贪必谋人，谋人，人亦谋己。　——《左传·宣公十四年》

怀与安，实败名。　——《左传·僖公二十三年》

节用于内，而树德于外。　——《左传·昭公十九年》

我有三宝，持而保之：一曰慈，二曰俭，三曰不敢为天下先。慈，故能勇；俭，故能广；不敢为天下先，故能成器长。　——《老子》

罪莫大于可欲，祸莫大于不知足。　——《老子》

见素抱朴，少私寡欲。　——《老子》

知足不辱，知止不殆，可以长久。　——《老子》

知足常足，终身不辱；知止常止，终身不耻。　——《老子》

知足之足，恒足矣。　——《老子》

知足者，富也。　——《老子》

道千乘之国，敬事而信，节用而爱人，使民以时。　——《论语·学而》

博学而笃志，切问而近思。　——《论语·子张》

饭疏食饮水，曲肱而枕之，乐亦在其中矣。　——《论语·述而》

一箪食，一瓢饮，在陋巷，人不堪其忧，回也不改其乐。　——《论语·雍也》

饱食终日，无所用心，难矣哉。　——《论语·阳货》

士而怀居，不足以为士矣。　——《论语·宪问》

士志于道，而耻恶衣恶食者，未足与议也。　——《论语·里仁》

奢则不孙，俭则固。 ——《论语·述而》

林放问礼之本。子曰："大哉问！礼，与其奢也，宁俭；丧，与其易也，宁戚。" ——《论语·八佾》

学者自强不息，则积少成多。中道而止，则前功尽弃。 ——《四书集注》

日知其所亡，月无忘其所能，可谓好学也已矣。 ——《论语·子张》

发愤忘食，乐以忘忧，不知老之将至云尔。 ——《论语·述而》

温故而知新，可以为师矣。 ——《论语·为政》

君子谋道不谋食，君子忧道不忧贫。 ——《论语·卫灵公》

君子修道立德，不为穷困而改节。 ——《孔子家语·在厄》

士无事而食，不可也。 ——《孟子·滕文公下》

博学而详说之，将以反说约也。 ——《孟子·离娄下》

生于忧患而死于安乐。 ——《孟子·告子下》

养心莫善于寡欲。 ——《孟子·尽心下》

恭者不侮人，俭者不夺人。……恭俭岂可以声音笑貌为哉？ ——《孟子·离娄上》

资之深，则取之左右逢其源。 ——《孟子·离娄下》

俭节则昌，淫佚则亡。 ——《墨子·辞过》

其财用节，其自养俭，民富国治。 ——《墨子·节用上》

赖其力者生，不赖其力者不生。 ——《墨子·非乐上》

侈而惰者贫，而力而俭者富。 ——《韩非子·显学》

夫民劳则思，思则善心生；逸则淫，淫则忘善，忘善则恶心生。沃土之民不材，淫也；瘠土之民莫不向义，劳也。 ——《国语·鲁语下》

强本而节用，则天不能贫。……本荒而用侈，则天下不能使之富。 ——《荀子·天论》

知节用裕民，则必有仁义圣良之名，而且有富厚丘山之积矣。 ——《荀子·富国》

足国之道，节用裕民，而善臧其余。 ——《荀子·富国》

恭俭者，偋五兵也，虽有戈矛之刺，不如恭俭之利也。 ——《荀子·荣辱》

劳苦之事则争先，饶乐之事则能让。 ——《荀子·修身》

人之于文学，犹玉之琢磨也。 ——《荀子·大略》

身贵而愈恭，家富而愈俭。 ——《荀子·儒效》

不学问，无正义，以富利为隆，是俗人者也。 ——《荀子·儒效》

积土而为山，积水而为海。 ——《荀子·儒效》

臣下职，莫游食，务本节用财无极。 ——《荀子·成相》

学至乎没而后止也。 ——《荀子·劝学》

少而不学，长无能也。 ——《荀子·劝学》

积土成山，风雨兴焉；积水成渊，蛟龙生焉。 ——《荀子·劝学》

锲而舍之，朽木不折：锲而不舍，金石可镂。 ——《荀子·劝学》

夫骥一日而千里，驽马十驾，则亦及之矣。 ——《荀子·修身》

其嗜欲深者，其天机浅。 ——《庄子·大宗师》

丘山，积卑而为高；江河，合水而为大。 ——《庄子·则阳》

日计之而不足，岁计之而有余。 ——《庄子·庚桑楚》

以俭得之，以奢失之。 ——《韩非子·十过》

俭于财用，节于衣食。 ——《韩非子·难二》

贪如火，不遏则燎原；欲如水，不遏则滔天。 ——《韩非子》

奢者富不足，俭者贫有余；奢者心常贫，俭者心常富。 ——《慎子·外篇》

食鱼无反。 ——《晏子春秋·内篇》

称财多寡而节用之。 ——《晏子春秋·内篇问下》

大山之高，非一石也，累卑然后高。 ——《晏子春秋·内篇谏下》

量入以为出。 ——《礼记·王制》

博学之，审问之，慎思之，明辨之，笃行之。 ——《礼记·中庸》

君子乐得其道，小人乐得其欲。 ——《礼记·乐记》

时过然后学，则勤苦而难成。 ——《礼记·学记》

博学而不穷，笃行而不倦。 ——《礼记·儒行》

人一能之，己百之；人十能之，己千之。 ——《礼记·中庸》

义胜欲者从，欲胜义者凶。 ——《礼记·武王践阼》

富以苟，不如贫以誉。 ——《礼记·曾子制言》

好学近乎知，力行近乎仁，知耻近乎勇。 ——《礼记·中庸》

不祈多积，多文以为富。 ——《礼记·儒行》

君子之学也博，其服也乡。 ——《礼记·儒行》

国奢则示之以俭，国俭则示之以礼。 ——《礼记·檀弓下》

人惰而侈则贫，力而俭则富。 ——《管子·形势解》

节欲之道，万物不害。 ——《管子·内业》

一意博心，耳目不淫，虽远若近。 ——《管子·内业》

取于民有度，用之有止，国虽小必安；取于民无度，用之无止，国虽大必危。 ——《管子·权修》

国侈则用费，用费则民贫，民贫则奸智生，奸智生则邪巧作。故奸邪之所生，生于匮不足；匮不足之所生，生于侈；侈之所生，生于毋度。 ——《管子·八观》

适身行义，俭约恭敬，其唯无福，祸亦不来矣。骄傲侈泰，离度绝理，其唯无祸，福亦不至矣。 ——《管子·禁藏》

惟天地之无穷兮，哀人生之长勤。 ——《楚辞·远游》

常指四字，勤谨和缓。 ——《小学·外篇·嘉言》

路漫漫其修远兮，吾将上下而求索。 ——《离骚》

金银珠玉不饰，锦绣文绮不衣，奇怪珍异不视，玩好之器不宝。 ——《六韬·盈虚》

欲无度者，其心无度；心无度者，则其所为不可知矣。 ——《吕氏春秋·观表》

私视使目盲，私听使耳聋，私虑使心狂。 ——《吕氏春秋·序意》

无德而望其福者约，无功而受其禄者辱。 ——《战国策·齐策》

积薄而为厚，聚少而为多。 ——《战国策·秦策》

● 汉代名言

墨者俭而难遵，……然其强本节用，不可废也。 ——《论六家要旨》

且夫王事固未有不始于忧勤，而终于佚乐者也。 ——《史记·司马相如列传》

奢未及侈，俭而不陋。 ——《西京赋》

人生在勤，不索何获？ ——《应闲》

莫不知学问之有益于己，怠戏之无益于事也。 ——《新语·资质》

剑虽利，不厉不断；材虽美，不学不高。 ——《韩诗外传》卷三

官怠于有成，病加于小愈，祸生于懈惰。 ——《韩诗外传》卷八

耳不闻学，行无正义。 ——《韩诗外传》卷五

学而不已，阖棺乃止。 ——《韩诗外传》卷八

卑贱贫穷，非士之耻也。 ——《说苑·立节》

嗜欲者，逐祸之马也。 ——《说苑·敬慎》

少而好学，如日出之阳；壮而好学，如日中之光；老而好学，如炳烛之明。 ——《说苑·建本》

祸生于欲得，福生于自禁。 ——《说苑·谈丛》

上清而无欲，则下正而民朴。 ——《说苑·谈丛》

能勤小物，故无大患。 ——《说苑·贵德》

义士不欺心，廉士不妄取。 ——《说苑·谈丛》

省事之本，在于节欲。 ——《淮南子·诠言训》

谓学不暇者，虽暇亦不能学矣。 ——《淮南子·说山训》

惟不求利者为无害，为不求福者为无祸。 ——《淮南子·诠言训》

患生于多欲，害生于不备。 ——《淮南子·缪称训》

多欲亏义，多忧害智，多惧害勇。 ——《淮南子·意林》

江河不能实漏卮。 ——《淮南子·氾论训》

积薄为厚，积卑为高，故君子曰孳孳以成辉。 ——《淮南子·缪称训》

不贵尺之璧，而重寸之阴。 ——《淮南子·原道训》

不以奢为乐，不以廉为悲。 ——《淮南子·原道训》

弓待檠，而后能调；剑待砥，而后能利。 ——《淮南子·修务训》

跬步不休，跛鳖千里。 ——《淮南子·说林训》

故为治之本，务在宁民；宁民之本，在于足用；足用之本，在于勿夺时；勿夺时之本，在于省事；省事之本，在于节用；节用之本，在于反性。 ——《淮南子·泰族训》

君人之道，处静以修身，俭约以率下。静则下不扰矣，俭则民不怨矣。——《淮南子·主术训》

理民之道，在于节用尚本。 ——《盐铁论·力耕》

故衣食者民之本，稼穑者民之务也。 ——《盐铁论·力耕》

自古及今，不施而得报，不劳而有功者，未之有也。 ——《盐铁论·力耕》

耕不强者，无以充虚；织不强者，无以掩形。 ——《盐铁论·力耕》

事辍者无功，耕怠者无获也。 ——《盐铁论·击之》

土积而成山阜，水积而成江海，行积而成君子。 ——《盐铁论·执务》

春夏耕耘，秋冬收臧，昏晨力作，夜以继日。 ——《盐铁论·散不足》

少壮不努力，老大徒伤悲。 ——《长歌行》

处逸乐而欲不放，居贫苦而志不倦。 ——《论衡·自纪》

不览古今，论事不实。 ——《论衡·别通篇》

人之学问，知能成就，犹骨像玉石，切磋琢磨也。　——《论衡·量知》

不学自知，不问自晓，古今行事，未之有也。……故智能之士，不学不成，不问不知。　——《论衡·实知》

君子之于学也，其不懈，犹上天之动，犹日月之行。　——《中论·治学》

坚冰作于履霜，寻木起于蘖栽。　——《班固·东京赋》

一劳而久逸，暂费而永宁者也。　——《班固·封燕然山铭》

家有敝帚，享之千金。　——《东观汉记·光武帝纪》

青蝇嗜肉汁而忘溺死，众人贪世利而陷罪祸。　——《难庄论》

一夫不耕，或受之饥；一女不织，或受之寒。　——《论积贮疏》

侈而无节，则不可赡。　——《汉书·严安传》

聚少成多，积小致巨。　——《汉书·董仲舒传》

常玉不琢，不成文章；君子不学，不成其德。　——《汉书·董仲舒传》

晨夜屑屑，寒暑勤勤。　——《汉书·王莽传》

君子力学，昼夜不息也。　——《太平经·力行博学诀》

芳饵之下必有悬鱼。　——《三略》

博学多识，疑则思问。　——《潜夫论·叙录》

财色之于人，譬如小儿贪刀刃之饴，甜不足一食之美，然有截舌之患也。——《佛说四十二章经》

人情得足，苦于放纵。快须臾之欲，忘慎罚之义。　——《后汉书·光武帝纪》

精诚所加，金石为开。　——《后汉书·光武十王列传》

节用储蓄，以备凶灾。　——《后汉书·肃宗孝章帝纪》

嗜欲之原灭，廉正之心生。　——《后汉书·班彪列传》

身处膏脂，不能以自润。　——《后汉书·孔奋列传》

夫子积学，当日知其所亡，以就懿德。　——《后汉书·列女传》

愿竭力以守义兮，虽贫穷而不改。　——《后汉书·张衡列传》

●三国两晋南北朝名言

老骥伏枥，志在千里；烈士暮年，壮心不已。　——《龟虽寿》

侈恶之大，俭为共德。　——《度关山》

日习则学不忘。　——徐幹《中论·治学》

修身治国也，要莫大于节欲……俭者节欲，奢者放情。放情者危，节欲者安。　——《政要论·节欲》

以约失之者鲜矣。　——《论语·里仁》

读书百遍，其义自见。　——《三国志·魏志·钟繇华歆王朗传》

志在守朴，养素全真。　——《幽愤诗》

睹农人之耘耔，亮稼穑之艰难。　——《景福殿赋》

君子之行，静以修身，俭以养德，非淡泊无以明志，非宁静无以致远。——《诫子书》

历观古今，以约失之者实寡，以奢失之者盖众。　——《国起西园第表启》

居丰能俭，在富能贫。　——《晋书·陆云疏》

荆山之璞虽美，不琢不成其宝。　——《晋书·景帝纪》

积一勺以成江河，累微尘以崇峻极，匪志匪勤，理无由济也。　——《晋书·虞溥传》

奢侈之费，甚于天灾。　——《晋书·傅咸传》

人性无涯，奢俭由势。　——《晋书·范汪传附范宁传》

性清者荣，性浊者辱。　——《晋书·后妃传》

贪于近者则贵远，溺于利者则伤名。　——《晋书·宣帝纪》

开卷有得，便欣然忘食。　——《诫子书》

忘怀得失，以此自终。　——《五柳先生传》

不戚戚于贫贱，不汲汲于富贵。　——《五柳先生传》

有尽之物，不能给无已之耗；江河之流，不能盈无底之器也。　——《抱朴子·极言》

学之广在于不倦，不倦在于固志。　——《抱朴子·崇教》

不惰者，众善之师也。　——《抱朴子·广譬》

过载者沉其舟，欲胜者杀其身。　——《抱朴子·微旨》

立德践言，行全操清，斯则富矣，何必玉帛之崇乎！　——《抱朴子·广譬》

嵩岱之竣，非一篑之积。　——《抱朴子·博喻》

上智不贵难得之财。　——《抱朴子·安贫》

不饱食以终日，不弃功于寸阴。　——《抱朴子·勖学》

富贵之多罪，不如贫贱之履道。　——《抱朴子》

蝎盛则木朽，欲胜则身枯。　——《答向子期难养生论》

为官长当清，当慎，当勤，修此三者，何患不治乎？　——《晋书》

盛年不重来，一日难再晨。及时当勉励，岁月不待人。　——《杂诗》

贤者能去私欲也。　——《傅子·矫违》

天下之福，莫大于无欲；天下之祸，莫大于不知足。无欲则无求，无求者所以成其俭也。 ——《傅子·曲制篇》

足不辍行，手不释卷。 ——《杨荆州诔》

居家之方，唯俭与约；立身之道，唯谦与学。 ——《金缕子·立言》

勤之勤之，至道非弥。 ——《高僧传·友遁》

博见为馈贫之粮。 ——《文心雕龙·神思》

操千曲而知音，观千剑而识器。 ——《文心雕龙·知音》

将赡才力，务在博见。 ——《文心雕龙·事类》

然则可俭而不可吝已。俭者，省约为礼之谓也；吝者，穷急不恤之谓也。今有施者奢，俭者吝；如能施而不奢，俭而不吝，可矣。 ——《颜氏家训·治家》

委明珠而乐贱，辞白璧以安贫。 ——《观我生赋》

天下事以难而废者十之一；以惰而废者十之九。 ——《颜氏家训》

上士忘名，中士立名，下士窃名。 ——《颜氏家训》

习闲成懒，习懒成病。 ——《颜氏家训》

学者，犹种树也，春玩其花，秋登其实。 ——《颜氏家训·勉学》

塞先于未形，禁欲于危微。 ——《新论·防欲》

身之有欲，树之有蝎。树抱蝎则自凿，身抱欲反自害。 ——《新论·防欲》

智如禹汤，不如常耕。 ——《齐民要术·自序》

静以养身，俭以养性。 ——《南史·陆慧晓传》

静则人不扰，俭则人不烦。 ——《南史·陆慧晓传》

好学，手不释卷。 ——《南史·逸文》

俭为德之恭，侈为恶之大。 ——《周书·韦孝宽传》

志尚夷简，淡于荣利。 ——《北史·韦夐传》

清者莅职之本，俭者持身之基。 ——《周书·郑孝穆列传》

淡然自守，不汲济于荣利。 ——《魏书·刘芳传》

清正俭素，门无私谒。 ——《魏书·彭城王传》

俭开福源，奢起贫兆。 ——《魏书·李彪高道悦列传》

●隋唐五代名言

御家以四教：勤、俭、恭、恕。 ——《文中子中说·关朗》

节乎己者，贪心不生。 ——《文中子中说》

廉者常乐无求，贪者常忧不足。 ——《文中子中说·王道》

不勤不俭，无以为人上也。　——《文中子中说·关朗》

夫圣世之君，存乎节俭。富贵广大，守之以约……茅茨不剪，采椽不斫，舟车不饰，衣服无纹，土阶不崇，大羹不和：非憎荣而恶味，乃处薄而行俭。故风淳俗朴，比屋可封，此节俭之德也。　——《帝范·崇俭篇》

居安思危，戒奢以俭，　——《谏太宗十思疏》

廉隅贞洁者，德之令也；流逸奔随者，行之污也。　——《群书治要·昌言》

奢侈者可以为戒，节俭者可以为师。　——《贞观政要·论俭约》

治国与养病无异也……天下稍安，尤须兢慎，若便骄逸，必至丧败。　——《贞观政要·论政体》

不勤于始，将悔于终。　——《贞观政要·论尊敬师傅》

夫珍玩技巧，为丧国之斧斤；珠玉锦绣，实迷心之鸩毒。　——《贞观政要·议征伐》

每一食，便念稼穑之艰难；每一衣，则思纺绩之辛苦。　——《贞观政要·教诫太子诸王》

乐不可极，极乐成哀；欲不可纵，纵欲成灾。　——《贞观政要·论刑法》

克俭节用，实弘道之源；崇侈恣情，乃败德之本。　——《贞观政要·论规谏太子》

嗜欲喜怒之情，贤愚皆同；贤者能节之，不使过度；愚者纵之，多至失所。　——《贞观政要·论慎终》

伤其身者不在外物，皆由嗜欲以成其祸。　——《贞观政要·论君道》

与其浊富，宁比清贫。　——《冰壶诫》

慎则祸之不及，贪则灾之所起。　——《辞金诫》

贫不学俭，富不学奢。　——《奉赠韦左丞丈二十二韵》

富贵必从勤苦得，男儿须读五车书。　——《柏学士茅屋》

不过行俭德，盗贼本王臣。　——《有感五首》

虽富巨万，服食粗弊。　——《大唐西域记》

却到帝乡重富贵，请君莫忘浪淘沙。　——《浪淘沙》

不饮浊泉水，不息曲木阴。所逢苟非义，粪土千万金。　——《丘中有一士二首》

百姓之殃，不在乎鬼神；百姓之福，不在乎天地；在乎君主之躁静奢俭而已。　——《白氏长庆集·人之困穷由君之奢欲》

富贵比于浮云，光阴逾于尺璧。　——《王子安集·原序》

刺股情方励，偷光思益深。　——《惜分阴》

功夫未至难寻奥。　——《赋虞书歌》

多求徒心足，未足旋倾覆。　——《贪戒》

山积而高，泽积而长。　——《唐故监察御史赠尚书石仆射王公神道碑》

美人首饰侯王印，尽是沙中浪底来。　——《浪淘沙》

冀无身外忧，自有闲中益。　——《游桃源一百韵》

千淘万漉虽辛苦，吹尽狂沙始见金。　——《浪淘沙》

田家几日闲，耕种从此起。　——《观田家》

一粒红稻饭，几滴牛颔血。　——《伤农》

时人不识田家苦，将谓田中谷自生。　——《农家》

人家不必论贫富，惟有读书声最佳。　——《书斋谩兴二首》

春与人相乖，柳青头转白。　——《西蜀旅舍春叹》

年少不应辞苦节，诸生若遇亦封侯。　——《送薛居士和州读书》

奢侈者，危亡之本。　——《唐书》

不栽桃李树，何日得成阴。　——《驾幸河东》

古人尽向尘中远，白日耕田夜读书。　——《送弟》

夜学晓未休，苦吟鬼神愁。　——《劝学》

书之在侧，以为我师。　——《行己箴》

朝骋骛乎书林兮，夕翱翔乎艺苑。　——《复志赋》

无望其速成，无诱于势利。　——《答李翊书》

书山有路勤为径，学海无涯苦作舟。　——《治学联》

焚膏油以继晷，恒兀兀以穷年。　——《进学解》

业精于勤，荒于嬉；行成于思，毁于随。　——《韩昌黎集·进学解》

男儿不再壮，百岁如风狂。　——《昌黎先生集·此日足可惜赠张籍》

人之能为人，由腹有诗书，诗书勤乃有，不勤腹空虚。　——《韩昌黎全集》卷六《符读书城南》

风前灯易灭，川上月难留。　——《故园置酒》

策马前途须努力，莫学龙钟虚叹息。　——《岳阳别张祜》

光阴难驻迹如客。　——《南庭夜坐贻开元禅定二道者》

黄河清有日，白发黑无缘！　——《啰唝曲六首》

荣枯递转急如箭，天公岂肯于公偏？莫道韶华镇长在，发白面皱专相待。——《嘲少年》

素坚冰蘖心，洁持保坚贞。　——《初下东周赠孟郊》

学业攻炉冶，炼尽三山铁。　——《寒山拾得诗集》

万卷常暗颂，神妙独难忘。　——《送许十八拾遗归江宁觐省》

如彼登山，乃勤以求高；如彼临川，乃勤以求远。　——《意林·典论》

能读千赋则善赋，能观千剑则晓剑。　——《意林》卷三

玉不琢，则南山之圆石。　——《意林·正部》

少而好学者，如日出之阳；壮而好学者，如日中之光；老而好学者，如炳烛之明。　——《意林·说苑》

大木百寻，根深积也；沧海万仞，众流成也；渊智达洞，累学功也。　——《意林·唐子》

劝君莫惜金缕衣，劝君须惜少年时。　——《杂诗》

一寸光阴一寸金。　——《白鹿洞二首》

春种一粒粟，秋成万颗子。　——《悯农二首》

锄禾日当午，汗滴禾下土。谁知盘中餐，粒粒皆辛苦。　——《悯农二首》

清扬似玉须勤学。　——《送刘南史往杭州拜觐别驾叔》

人间万事凭双手。　——《琵琶行》

昼短夜长须强学，学成贫亦胜他贫。　——《喜从弟雪中远至有作》

少年辛苦终身事，莫向光阴惰寸功。　——《题弟侄书堂》

百川赴海返潮易，一叶报秋归树难。　——《始见二毛》

举世人生何所依，不求自己更求谁。绝嗜欲，断贪痴，莫把神明暗里欺。——《方契理》

媒衒士所耻，慈俭道所尊。　——《自诫》

请问贪婪一点心，臭腐填腹几多足？　——《江上蚊子》

历览前贤国与家，成由勤俭破由奢。　——《咏史》

奢者狼藉俭者安，一凶一吉在眼前。　——《草茫茫》

劝君少干名，名是锢身锁。劝君少求利，利是焚身火。　——《闲坐看书贻诸少年》

救烦无若静，补拙莫如勤。　——《自到郡斋题二十四韵》

天育物有时，地生财有限，而人之欲无极。以有时有限奉无极之欲，而法制不生其间，则必物暴殄而财乏用矣。　——《白居易集·策林二》

饥不啄腐鼠，渴不饮盗泉。　——《感鹤》

勿慕贵与富，勿忧贱与贫。　——《续座右铭》

自静其心延寿命，无求于物长精神。　——《不出门》

有田不耕仓廪虚，有书不读子孙愚。　——《劝学文》

纵欲不戒，匪愚伊耄。　——《敌戒》

嘉谷不夏熟，大器当晚成。　——《徐十八晦落第》

浮名浮利过于酒，醉得人心死不醒。　——《伤时》

有发兮朝朝思理，有身兮胡不如是？　——《舒铭》

三更灯火五更鸡，正是男儿读书时。黑发不知勤学早，白首方悔读书迟。
——《劝学》

莫言大道人难得，自是功夫不到头。　——《绝句》

功夫未至难寻奥。　——《赋虞书歌》

夫地力之生物有大数，人力之成物有大限，取之有度，用之有节，则常足；取之无度，用之无节，则常不足。生物之丰败由天，用物之多少由人。是以圣王立程，量入为出，虽遇灾难，下无困穷。理化既衰，则乃反是，量出为入，不恤所无。……是乃用之盈虚，在节与不节耳，不节则虽盈必竭，能节则虽虚必盈。　——《均节赋税恤百姓六条》

夫财之所生必因人力，工而能勤则丰富，拙而兼惰则篓空。　——《均节赋税恤百姓六条》

伤风害理，莫甚于私。暴物残人，莫大于贿。　——《谢密旨因论所宣事状》

天下之物有限，富室之积无涯。食一人而费百人之资，则百人之食不得不乏；富一家而倾千家之产，则千家之业不得不空。　——《均节赋税恤百姓六条》

俭于听，可以养虚；俭于视，可以养身；俭于言，可以养气。　——谭峭《谭子化书》

一人知俭一家富，王者知俭天下富。　——《谭子化书》

恶木之阴匪阴，盗泉之水匪水。　——《续姚梁公座右铭·并序》

● 宋元名言

凡言节用，非偶节一事，便能有济。当每事以节俭为意，则积久累日，国用自饶。　——《宋史·王岩叟传》

忧劳可以兴国，逸豫可以亡身。　——《新五代史·伶官传序》

君子之学也，其可一日而息乎？　——《杂说》

一日之用，节之必量其出入。　——《原弊》

唯有吟哦殊不倦，始知文字乐无穷。　——《戏答圣俞持烛之句》

德以俭而为本。 ——《斲雕以为朴赋》

乃知读书勤，其乐固无限。 ——《读书》

曾在蚕宫亲织就，方知缕缕尽辛勤。 ——《呈皇后阁春贴子》

小人所好者禄利也，所贪者财货也。 ——《朋党论》

春色无情容易去。 ——《玉楼春》

强学博览，足以通古今。 ——《赠翰林学士吴奎乞知青州不允诏》

虽有忧勤之心，而不知致治之要，则心愈劳而事愈乖；虽有纳谏之明，而无力行之果断，则言愈多而听愈惑。 ——《准诏言事上书》

勉之期不止，多获由力耕。 ——《送唐生》

衣不求华，食不厌蔬。 ——《长安县太君墓表》

君子制俗以俭，其弊为奢，奢而不制，弊将若之何？ ——《风俗》

君子之道，始于自强不息。 ——《易家论解》

霸祖孤身取二江，子孙多以百城降。豪华尽出成功后，逸乐安知与祸双？ ——《金陵怀古》

夫俭则寡欲，君子寡欲，则不役于物，可以直道而行；小人寡欲，则能谨身节用，远罪丰家，故曰"俭，德之共也"。侈则多欲，君子多欲，则贪慕富贵，枉道速祸；小人多欲，则多求妄用，丧身败家，是以居官必贿，居乡必盗，故曰"侈，恶之大也"。 ——《训俭示康》

由俭入奢易，由奢入俭难。 ——《训俭示康》

仁以厚下，俭以足用。 ——《资治通鉴》卷八九

以俭立名，以侈自败。 ——《训俭示康》

有德者皆由俭来也。 ——《训俭示康》

多求不如省费。 ——《言招军札子》

生之有时而用之亡度，则物力必屈。 ——《资治通鉴》卷一三

众人皆以奢靡为荣，吾心独以俭素为荣。 ——《训俭示康》

俭约，所以彰其美也。 ——《资治通鉴·梁纪》

侈不可极，奢不可穷；极则有祸，穷则有凶。 ——《奢侈吟》

学无早晚，但恐始勤终惰。 ——《勉过子读书》

节用养廉。 ——《州县提纲》卷一

勤劳乃逸乐之基也。 ——《农书·卷上》

好逸恶劳者，常人之情，偷惰苟简者，小人之病。 ——《农书·卷上》

粗茶淡饭终残年。 ——《得小儿寿俊家书》

读书惟在牢记，则日见进益。　——《扪虱新话》

力学如力耕，勤惰尔自知。但使书种多，会有岁稔时。　——《书院》

俭则常足，常足则乐而得美名，祸咎远矣；侈则常不足，常不足则忧而得訾恶，福亦远矣。　——《儒林公议》

真西山论菜云："百姓不可一日有此色，士大夫不可一日不知此味。"余谓百姓之有此色，正缘士大夫不知此味。若自一命以上至于公卿，皆是咬得菜根之人，则当必知其职分之所在矣，百姓何愁无饭吃。　——《鹤林玉露》卷二

世间一切声色嗜好洗净，一切荣辱得失看得破，然后快活意思，方自此生。　——《鹤林玉露》卷二

绳锯木断，水滴石穿。　——《鹤林玉露》卷一〇

学道至于乐，方能真有所得。　——《鹤林玉露》卷二

心无愧怍，则无入而不自得；心无贪恋，则无往而不自安。　——《鹤林玉露》卷一四

孤村到晓犹灯火，知有人家夜读书。　——《夜行》

人生要当学，安宴不彻警。　——《送李德素归舒城》

利欲熏心，随人翕张。　——《赠别李次翁》

持勤补拙，与巧者俦。　——《跛溪移文》

学问勤中得，萤窗万卷书。三冬今足用，谁笑腹空虚。　——《神童诗》

当官之法惟有三事，曰清、曰慎、曰勤。知此三者，则知所以持身矣。知此三者，可以保禄位，可以远耻辱，可以得上之知，可以得下之援。　——《童蒙训》

无欲则静，静则明。　——《通书》

予独爱莲之出淤泥而不染。　——《爱莲说》

克勤克俭，无怠无荒。　——《乐府诗集·梁太庙乐舞辞》

宁可清贫自乐，不作浊富多忧。　——《景德传灯录》

粗茶淡饭饱即休，补破遮寒暖即休，三平二满过即休，不贪不妒老即休。　——《四休居士诗序》

莅官以勤，持身以廉，事上以敬，接物以谦，待人以恕，责己以严，得众以宽，养知以恬，戒谨以独，询谋以佥，箴规语汝，夙夜式瞻。　——《爱日斋丛抄》

清泉绝无一尘染，长松自是拔俗姿。　——《无锡惠山寺》

绝嗜，禁欲，所以除累。　——《素书》

苦莫苦于多愿。 ——《素书》

士能寡欲，安于清澹，不为富贵所淫，则其视外物也轻，自然进退不失其正。 ——《西畴老人常言》

功之成，非成于成之日，盖必有所由起；祸之作，不作于作之日，亦必有所由兆。 ——《管仲论》

富国由崇俭。 ——《效祀庆成》

嘉谋定国垂青史，盛世传家有素风。 ——《题永叔会老堂》

人生难处是安稳。 ——《骊山》

天地之间，物各有主，苟非吾之所有，虽一毫而莫取。 ——《前赤壁赋》

别来十年学不厌，读破万卷诗愈美。 ——《送任伋通判黄州兼寄其兄孜》

博观而约取，厚积而薄发。 ——《稼说送张琥》

退笔如山未足珍，读书万卷始通神。 ——《柳氏二外甥求笔迹》

旧书不厌百回读，熟读深思子自知。 ——《送安惇秀才失解西归》

物必先腐，而后虫生。 ——《范增论》

清心而寡欲，人之寿也。 ——《刍言》

拙者能勉，与巧者同功也。 ——《刍言》

多忿害物，多欲害己，多逸害性，多忧害志。 ——《刍言》

贫贱忧戚，庸玉汝于成也。 ——《西铭》

为政之要，曰公与清。成家之道，曰俭与勤。 ——《省心录》

上节下俭者财用足，本重末轻者天下平。 ——《省心录》

多欲则伤生。 ——《省心录》

功名官爵，货财声色，皆谓之欲，俱可以杀身。 ——《省心录》

攫金于市者，欲心胜，而不知有羞恶。 ——《省心录》

知足者贫贱亦乐，不知足者富贵亦忧。 ——《省心录》

少不勤苦，老必艰辛；少能服劳，老必安逸。 ——《省心录》

声色者，败德之具。 ——《省心录》

知足而不贪，知节而不淫。 ——《省心录》

保生者寡欲，保身者避名，无欲易，无名难。 ——《省心录》

饱肥甘，衣轻暖，不知节者损福，广积聚，骄富贵，不知止者杀身。 ——《省心录》

百味甘香，一身清净，吾生可保长无病。八珍五鼎不须贪，荤膻浊乱人情性。 ——《踏莎行》

夫忧勤天下者，圣人之心也；安乐一身者，匹夫之情也。心忧乎天下，则骄奢淫佚、邪乱非僻之志无自入也。 ——《忧勤非损寿论》

败莫败于多私。 ——《素书》

力学勿忘家世俭，堆金能使子孙愚。 ——《贫居自警三首》

光景千留不住。 ——《清平乐》

天下无难事，在乎人为之。不为易亦难，为之难亦易。吾非千里马，然有千里志。旦旦而为之，终亦成骐骥。 ——《有志》

勤能补拙。 ——《鸡肋集》

一饮一啄，系之于分。 ——《太平广记·贫妇》

廉仁公勤四者，及为政之本领。 ——《西山政训》

君子莫大于学，莫害于昼，莫病于自足，莫罪于自弃。 ——《晁氏客语》

君子之学必日新，日新者，日进也；不日新者，必日退。 ——《晁氏客语》

节俭胜求人。 ——《中吴纪闻》

赴汤火，蹈白刃，武夫之勇可能也；克己自胜，非君子之大勇，不可能也。 ——《二程粹言·论学篇》

妄得之福，灾亦随焉；妄得之得，失亦继焉。 ——《二程粹言·论学篇》

恭则众归焉，俭则财阜焉。 ——《李观集·易论》

头悬梁，锥刺股，彼不教，自勤苦。如囊萤，如映雪，家虽贫，学不辍。如负薪，如挂角，身虽劳，犹苦卓。 ——《三字经》

苏老泉，二十七。始发愤，读书籍。彼既老，犹悔迟。尔小生，宜早思。

若梁灏，八十二。对大廷，魁多士。彼既成，众称异。尔小生，宜立志。

莹八岁，能咏诗。泌七岁，能赋棋。彼颖悟，人称奇。尔幼学，当效之。

……

唐刘晏，方七岁。举神童，作正字。彼虽幼，身已仕。尔幼学，勉而致。——《三字经》

勤有功，戏无益。戒之哉，宜勉力。 ——《三字经》

富贵不淫贫贱乐，男儿到此是豪雄。 ——《秋日偶成》

利者，众之所同欲也，专于利己，其害大矣；贪之甚，则昏蔽而忘理义，求之极，则争夺而致怨。 ——《二程集·粹言》

文过则奢，实过则俭。奢自文至，俭自实生，形影之类也。 ——《程氏粹言·论道篇》

有欲则不刚，刚者不屈于欲。 ——《二程粹言·论学篇》

夫俭者，守家第一法也。 ——《石林治生家训要略》

每日起早，凡生理所当为者，须及时为之。如机之发，鹰之搏，顷刻不可迟也。 ——《石林治生家训要略》

凡在仕途，以廉勤为本。 ——《戒子通录》

古今遗法，子弟固有成书，其详不可概举，唯是节俭一事，最为美行。——《家训笔录》

俭者，君子之德。世俗以俭为鄙，非远识也。俭则足用，俭则寡求，俭则可以成家，俭则可以传子孙。奢则用不给，奢则贪求，奢则掩身，奢则破家，奢则不可以训子孙。 ——《经锄堂杂志》

随资产之多寡，制用度之丰俭。合用万钱者，用万钱不谓之侈；合用百钱者，用百钱不谓之吝。 ——《居家正本制用篇》

天下之事，常成于困约而败于奢靡。 ——《放翁家训》

万卷古今消永日，一窗昏晓送流年。 ——《题老学庵壁》

老生读书百绝编，日晏忘食夜废眼。 ——《寓叹》

人生百病有已时，独有书癖不可医。 ——《示儿》

饱以五车读，劳以万里行。 ——《感兴》

缩衣节食勤耕桑。 ——《秋获歌》

衣冠简朴古风存。 ——《游山西村》

古人学问无遗力，少壮工夫老始成。 ——《冬夜读书示子聿》

人生粗足耳，衣食不须宽。 ——《示子聿》

饥寒虽未免，何足系吾怀。 ——《北斋书志示儿辈》

藜羹麦饭冷不尝，要足平生五车书。 ——《读书》

韦编屡绝铁砚穿，口诵手抄那计年。 ——《剑南诗稿·寒夜读书》

炼有多少，器有精细。 ——《龙川集·与朱元晦秘书》

至于用力之久，而一旦豁然贯通矣。 ——《四书集注·大学章句》

读书之乐何处寻，数点梅花天地心。 ——《四时读书乐》

侈用则伤财，伤财必至于害民，故爱民必先于节用。 ——《论语集注》卷一

看文字，须是如猛将用兵，直是鏖战一阵；如酷吏治狱，直是推勘到底，决是不恕他方得。 ——《朱子语类》卷十

为学正如撑上水船，一篙不可放缓。 ——《朱子语类》

学便是读，读了又思，思了又读，自然有意。 ——《学规类编》

半亩方塘一鉴开，天光云影共徘徊。问渠那得清如许？为有源头活水来。

——《观书有感》

君子之于学，惟日孜孜，毙而后已，惟恐其不及也。 ——《四书集论·论语·公冶长》

勿谓今日不学而有来日，勿谓今年不学而有来年。 ——《劝学文》

读书之法，先要熟读，须是正看背看，左看右看。看得是了，未可便说道是，更须反复玩味。 ——《朱子语类》

书不记，熟读可记；义不精，细思可精。 ——《又谕学者》

须要熟看熟思，久久之间，自然见个道理，四停八当。 ——《朱子语类》卷一一

有欲则无刚。 ——《近思录·警戒》

人不学便老而衰。 ——《近思录·为学》

人欲胜，天理灭。 ——《朱子语类》卷一三

大抵为学，虽有聪明之资，必须做迟钝工夫始得。 ——《朱子语类》卷二一

大凡读书，须是熟读，熟读了自精熟，精熟后理自见得。 ——《读书法》

少年易学老难成，一寸光阴不可轻。 ——《偶成诗》

外物之味，久则可厌；读书之味，愈久愈深。 ——《二程语录》

时时温习，觉滋味深长，自由新得。 ——《朱子语类》卷二四

克己之私，则心虚见理矣。 ——《上蔡先生语录》卷下

惟俭可以助廉，惟恕可以成德。 ——《宋名臣言行录》

圣人发愤便忘食，乐便忘忧。 ——《朱子语类·论语》

学道，乃是天下第一至大至难之事。 ——《沧州精舍谕学者》

君子之学，不为则已，为则必要其成，故常百倍其功。 ——《四书集注·中庸章句》

勤与俭，治生之道也，不勤则寡人，不俭则妄费。 ——《训俗遗规》卷三

莫等闲，白了少年头，空悲切。 ——《满江红·写怀》

学必习，习必熟，熟必久。 ——《胡子知言·义理》

勤于道义，则刚健而日新；勤于利欲，则放肆而日怠。 ——《胡子知言·义理》

君要花满县，桃里趁时栽。 ——《水调歌头·和赵景明知县韵》

众里寻他千百度，蓦然回首，那人却在灯火阑珊处。 ——《青玉案·元夕》

古人重孜孜，殖学乃菑畬。 ——《题钟圣举积学斋二首》

十载寒窗积雪余，读得人间万卷书。 ——《竹坞听琴》

士之于学，犹农于田，耕而又耘，其业乃专，……始之不耘，终何以获。
——《耕业斋铭》

笨鸟先飞早入林。 ——《陈母教子》

花有重开日，人无再少年。 ——《窦娥冤·楔子》

坐吃山空，立吃地陷。 ——《东堂老》

人读书不至千遍，终于己无益。 ——《元史·侯均传》

非俭无以养廉，廉以养德。 ——《元史·乌古孙泽传》

人心不足蛇吞象，世事致头螳捕蝉。 ——《崔府君断冤家债主·楔子》

造物之心，以贫试士；贫而能安，斯为君子。 ——《劝忍百箴·贫之忍》

以俭治身，则无忧；以俭治家，则无求。 ——《劝忍百箴》

达人远见，不与物争。 ——《劝忍百箴》

宁公而贫，不私而富。 ——《牧民忠告》

壮九重于内，所居不过容膝。 ——《十八史略》

十年窗下无人问，一举成名天下知。 ——《归潜志》

投至得云路鹏程九万里，先受了雪窗萤火二十年。 ——《西厢记》

人贪酒色，如双斧伐孤树，有不仆者？ ——《谏元武宗》

看书如服药，药多力自行。 ——《东坡文谈录》

任他桃李争欢赏，不为繁华易素心。 ——《西湖梅》

光阴似箭催人老，日月如梭趱少年。 ——《琵琶记·中相教女》

●明清名言

自古王者之兴，未有不由于勤俭，其败亡未有不由于奢侈。 ——《明太祖
宝训》

小用不节，大费必至。开奢泰之原，启华靡之渐，未必不由于小而至大
也。 ——《明太祖宝训》

处心清净则无欲，无欲则无奢纵之患。欲心一生，则骄奢淫佚无所不至，
不旋 踵而败亡随之矣。 ——《明太祖宝训》

声色之害，甚于鸩毒。 ——《明通鉴》卷五

惟俭养德，惟侈荡心。居上能俭，可以导俗；居上而侈，必至厉民。 ——
《明通鉴》卷六

金玉非宝，惟俭是宝。 ——《明史·太祖本纪》

勤为无价之宝，慎是护身之符。 ——《明心宝鉴·顺命》

德以服人，宜莫如勤……勤则不懈，不懈则身修、家齐，国治而天下平。
——《圣学心法》

节俭朴素，人之美德；奢侈华丽，人之大恶。 ——《薛文清公读书录·警戒》

荡涤胸中，无一毫之私累，可以言大矣。 ——《薛文清公读书录·存养》

心地干净，自然宽平。 ——《薛文清公读书录·体验》

一念之欲不能制，而祸流于滔天。 ——《薛文清公读书录·警戒》

轻与必滥取，易信必易疑。 ——《薛文清公读书录·从政》

正以处心，廉以律己。 ——《薛文清公从政录》

俭约不贪，则可延寿；奢侈过求，受尽则终。 ——《饮食绅言》

读书全要精勤，懒惰游戏作辍，必无有成之理。 ——《朱舜水集·论五十川刚伯规》

苟下学之功，日进不息，久则可以上达也。 ——《慎思录》

以道窒欲，则心自清。 ——《小窗幽记》

一寸光阴一寸金，寸金难买寸光阴。 ——《增广贤文》

宁可正而不足，不可邪而有余。 ——《增广贤文》

良田成顷，日食一升，广厦千间，夜眠八尺。 ——《增广贤文》

光阴似箭，日月如梭。 ——《增广贤文》

一年之计在于春，一日之计在于寅，一家之计在于和，一生之计在于勤。
——《增广贤文》

黑发不知勤学早，转眼便是白头翁。 ——《增广贤文》

疏懒人没吃，勤俭粮满仓。 ——《增广贤文》

勤，懿行也，君子敏于德义，世人则借勤以济其贪；俭，美德也，君子节
于货财，世人则俭以饰其吝。 ——《增广贤文》

人生百年几今日，今日不为真可惜。 ——《今日》

一日不书，百事荒芜。 ——《戒庵老人漫笔·古人引用谚语》

横戈支戟，犹能手不释卷。 ——《焚书·读书乐》

奢者富不足，俭者贫有余；奢者心常贫，俭者心常富。 ——《至游子·五化篇》

奢者富不足，何如俭者贫有余。 ——《菜根谭》

宁谢纷华而甘淡泊，遗个清名而在乾坤。 ——《菜根谭》

志由淡泊而高，节从甘辛而丧也。 ——《菜根谭·概论》

淡泊之守须从浓艳场中试来，镇定之操还向纷纭境上勘过。 ——《菜根谭·应酬》

功夫自难处做去，学问从苦中得来。 ——《菜根谭·修省》

宠利毋居人前，德业毋落人后。 ——《菜根谭·前集十六》

轻诺惹祸，倦怠无成。 ——《菜根谭》

居家有二语，曰：惟怒则平情；惟俭则足用。 ——《菜根谭》

俭，美德也，过则为悭吝，为鄙啬，反伤雅道。 ——《菜根谭》

家有千金，不如日进分文。 ——《清平山堂话本·风月瑞仙亭》

由俭入奢易，由奢入俭难。饮食衣服，若思得之艰难，不敢轻易废用。酒肉一餐，可办粗饭几日；纱绢一匹，可办粗衣几件，不逮不寒足矣，何必图好吃好着？常将有日思无日，莫待无时思有时，则子子孙孙常享温饱矣。 ——《勉谕儿辈》

丧乱之源，由于骄侈。 ——《明史·陶安列传》

居高位者易骄，处佚乐者易侈。 ——《明史·陶安列传》

骄纵生于奢侈，危亡起于细微。 ——《明史·后妃列传》

惟廉者能约己而爱人。 ——《明史·循吏传》

清慎勤，居官三字符也。 ——《明史·梁寅传》

凡人之学，不日进者必日退。 ——《与陈国英》

椎鲁朴钝，非学者之患也；聪明绝异，学者之深患也. ——《震川先生集·别集·六言六蔽》

细看万事乾坤内，只有懒字最为害。 ——《戒懒文·示诸生》

功到自然成。 ——《西游记》第三十六回

人常咬得菜根，则百事可做。 ——《药言》

勤惰俭奢，是成败关。 ——《呻吟语·修身》

贫不足羞，可羞是贫而无志。 ——《呻吟语·力行》

懒散二字，立身之贼也。千德万业，日怠废而无成；千罪万恶，日横恣而无制，皆此二字为之。 ——《呻吟语·主静》

待人要丰，自奉要约。 ——《续小儿语·四言》

吾人终日最不可悠悠荡荡作空躯壳。 ——《呻吟语·修身》

防欲如挽逆水之舟，才歇力，便下流。 ——《呻吟语·存心》

身贫志不贫。 ——《野人清啸》卷上

劳则善心生，养德修身咸在焉。逸则妄念生，丧德丧身咸在焉。 ——《吏

惺堂集》

春时耕种夏时耘，粒粒颗颗费力勤；春丢细糠如剖玉，炊成香饭似堆银。
——《警世通言·钝秀才一朝交泰》

富贵本无根，尽从勤里得。 ——《醒世恒言·徐老仆义愤成家》

常将有日思无日，莫待无时思有时。 ——《警世通言·桂员外途穷忏悔》

惜衣有衣，惜食有食。 ——《警世通言·王安石三难苏学士》

治家以勤俭为本。 ——《古今小说·杨八老越国奇逢》

一饱之需，何必八珍九鼎？七尺之躯，安用千门万户？ ——《笑史》

公以生其明，俭以养其廉，是诚为邑之要道，处世临民之龟镜也。 ——
《令箴》

一节省而国有余用，民有余藏，不知其几也。 ——《治安疏》

非读书不能作文，非熟读不能作文。 ——《答东安约问》

功名富贵傥来物，目前渺渺春云浮。 ——《静夜思》

清风两袖朝天去，免得闾阎话短长。 ——《入京》

书卷多情似故人，晨昏忧乐每相亲。眼前直下三千字，胸次全无一点尘。
——《观书》

居官者廉不言贫，勤不言劳，爱民不言惠，锄强不言威，事上尽礼不言屈
己，钦贤下士不言忘势。 ——《钱公良测语·治本》

嗜欲之人，语之富贵利达则悦，语之贫贱忧戚则拂衣而去。 ——《钱公良
测语·规世》

贪欲者，众恶之本；寡欲者，众善之基。 ——《慎言·见闻篇》

宁可忍饥而死，不可苟利而生。 ——《玉堂丛语》卷五

天地生财，自有定数。取之有制，用之有节则裕。取之无制，用之无节则
乏。 ——《论时政疏》

家有余粮鸡犬饱，户多书籍子孙贤。 ——《水浒传》第二回

大志非才不就，大才非学不成。 ——《郑敬中摘语》

与其贪饕以招辱，不若俭而守廉。 ——《贤奕编·廉谈》

勤以治生。世间事，未有不由于怠惰而废也，及时而为之，则事事不在下
陈矣。 ——《宋氏家要部》

若要功夫深，铁杵磨成针。 ——《蜀中广记·上川南道彭山县》

惟淡可以从俭，惟俭可以养廉。 ——《弟后柬德升诸兄面》

斗酒纵观廿一史，炉香静对十三经。 ——《联句》

酒宜节饮，忿宜速惩，欲宜力制。 ——《史典·愿体集》

食可饱而不必珍，衣可暖而不必华，居处可安而不必丽。 ——《史典·愿体集》

人以品为重，若存一点卑污渎货之心，便非顶天立地汉。 ——《史典·愿体集》

人之为学，不日进则日退。 ——《日知录》

人臣之欺君误国，必自其贪于货赂也。 ——《日知录》

君子之学，死而后已。 ——《与人书》

水之不舍，通乎昼夜，圣人之不已，贵乎古今。 ——《徐光启集·赤子之心与圣人之心若何解》

欲求真受用，须下死工夫。 ——《思辨录辑要·格致类》

俭者，节其耳目口体之欲，节己而不节人。勤者，不使此心昏昧偷安于近小，心专而志致。慎者，畏其身入于非道，以守死持之而不为祸福利害所乱。能俭、能勤、能慎，可以为豪杰矣。 ——《俟解》

少欲觉身轻。 ——《明儒学案》

自古圣贤，盛德大业，未有不由学而成者也。 ——《明儒学案》

居身务期俭朴，训子要有义方。 ——《治家格言》

一粥一饭，当思来处不易；半丝半缕，恒念物力维艰。 ——《治家格言》

家门和顺虽饔飧不继，亦有余欢；国课早完即囊橐无余，自得至乐。 ——《治家格言》

黎明即起，洒扫庭除，要内外整洁。 ——《治家格言》

宁吃少来苦，不受老来贫。 ——《治家格言》

自奉必须俭约，宴客切勿留连。 ——《治家格言》

世家不勤不俭者，验于内誉而毕露。 ——《治家格言》

勿贪意外之财，勿饮过量之酒。 ——《治家格言》

贫莫愁兮富莫夸，哪有贫长富久家？ ——《治家格言》

居家四败：妇女奢淫者败、子弟骄怠者败、兄弟不和者败、侮师慢客者败。 ——《治家格言》

平人以劳为福，以逸为祸也。 ——《庭训格言》

节饮食，慎起居，实祛病之良方也。 ——《庭训格言》

为官者俭，则可以养廉。 ——《庭训格言》

世之财物，天地所生，以养人者有限，人若节用，自可有余；奢用则顷刻

尽耳，何处得增益耶？ ——《庭训格言》

民生本务在勤，勤则不匮。 ——《庭训格言》

人生衣食财禄皆有定数，若俭约不贪，则可以养福，亦可以致寿。 ——《庭训格言》）

凡家有田畴足以赡给者，亦当量入为出，然后用度有准，丰俭得中，安分养福，子孙常守。 ——《庭训格言》

农夫不勤则无食；桑妇不勤则无衣；士大夫不勤则无以保家。 ——《清仁宗味余书室全集·民生在勤论》

学问之始，未能记诵；博涉既深，将超记诵；故记诵者，学问之舟车也。 ——《文史通义·辩似》

勤俭一源，总在无欲，无欲自不敢废当行之事，自无外礼之费，不期勤俭而勤俭矣。 ——《孝友堂家训》

俭有四益：人之贪淫，未有不生于奢侈者，俭则不至于贪，何从而淫，是俭可以养德，一益也。人之福禄，只有此数，暴殄糜费，必至短促。撙节爱养，自能长久，是俭可以养寿，二益也。醉浓饱鲜，昏入神志，菜羹蔬会，肠胃清虚，是俭可以养神，三益也。奢者妄取苟存，志气卑辱，一从俭约，则于人无求，于己无愧，是俭可以养气. 四益也。 ——《高氏塾铎》

治生莫若节用，养生莫若寡欲。 ——《颐养诠要》卷一

英雄败于摧折者少，败于消磨者多。 ——《颜习斋先生年谱》

人只一念贪私，便销刚为柔，塞知为昏，变恩为惨，染洁为污，坏了一生人品，故古人以不贪为宝。 ——《从政遗规·言行江纂》

清正俭约，是居官之良法。 ——《从政遗规·寒松堂集》

农夫披星戴月，竭全力以养天下之人，世无农夫，人皆饿死，乌可贱视之乎？ ——《纪文达公遗集》

凡事一俭，则谋生易足；谋生易足，则与人无争乎，亦与人无求。 ——《履园丛话·俭》

惟俭可以惜福，惟俭可以养廉。 ——《履园丛话·安安先生》

俭则约，约则百善俱兴；侈则肆，肆则百恶俱纵。 ——《格言联璧·持躬》

日日行，不怕千万里；常常做，不怕千万事。 ——《格言联璧·处事》

只字必惜，贵之根也。粒米必珍，富之源也。 ——《格言联璧·惠吉》

勤俭，治家之本。和顺，齐家之本；谨慎，保家之本；诗书，起家之本；

忠孝，传家之本。 ——《格言联璧·齐家》

常思度日艰难，自不得不节费用。 ——《格言联璧·持躬》

勤能补拙，俭以养廉。 ——《格言联璧·从政》

贪利者害己，纵欲者戕生。 ——《格言联璧·悖凶》

治家量入为出，干好事则仗义轻财。 ——《格言联璧·惠吉》

人之心胸，多欲则窄，寡欲则宽。 ——《格言联璧·存齐》

治家忌宽，而尤忌严；居家忌奢，而尤忌啬。 ——《格言联璧·齐家》

炼心如炼金，百炼而后为真金，百炼而后为真心。 ——《格言联璧·学问》

利在一身勿谋也，利在天下者谋之；利在一时勿谋也，利在万世者谋之。
——《格言联璧·从政》

作践五谷，非有奇祸，必有奇穷。爱惜只字，不但显荣，亦当益寿。 ——《格言联璧·惠吉》

居处必先精勤，乃能闲暇。凡事务求停妥，然后逍遥。 ——《格言联璧·处事》

以仁义存心。以勤俭作家。以忍让接物。 ——《格言联璧·接物》

惟有书味甘，行行堪没齿。 ——《陶渊明有〈饮酒〉二十首，余天性不饮，故反之，作〈不饮酒〉二十首》

看书多撷一部，游山多走几步。倘非广见博闻，总觉光阴虚度。 ——《随园诗话补遗》卷四

勤能补拙才偏敏，廉不沾名品益高。 ——《小仓山房诗文集·舟泊袁浦蒙所亭河帅先来过访赋七律二章奉谢》

善所当为，羞谈福报。 ——《琼琚佩语·修己·座右编》

暇逆惰疲，私欲乘之起矣。 ——《颜习斋先生言行录·梦令》

苦苦苦，不苦如何通今古？ ——《书户》

读书以熟为贵，作文亦然。 ——《退庵论文》

人之学有难易乎？学之则难亦易矣；不学则易亦难矣。 ——《为学一首示子侄》

自恃其聪与敏而不学者，自败者也。 ——《为学一首示子侄》

治生之道，莫尚乎勤。故邵子云："一日之计在于晨，一岁之计在于春，一生之计在于勤。言虽近，而旨则远矣！ ——《恒斋文集》

大禹之圣，且惜寸阴；陶侃之贤，且惜分阴，又况圣不若彼者乎？ ——《恒斋文集》

爱衣常暖，爱食常饱。 ——《中华谚海》

惟勤能补拙，尚俭可成廉。 ——《中华谚海》

日图三餐，夜图一宿。 ——《中华谚海》

勤俭富贵之本，懒惰贫贱之苗。 ——《中华谚海》

勤俭黄金本。 ——《中华谚海》

富贵因从勤俭起，贫穷只为手头松。 ——《中华谚海》

近水不可多用水，近山不可枉烧柴。 ——《中华谚海》

欲求温饱，勤俭为先。 ——《中华谚海》

读书如树木，不可求骤长，植诸空山中，日来而月往。露叶既畅茂，烟条渐巷莽。此理木不知，木乃遂其养。 ——《读书四首》其二

人多读书则识进，且能自见瑕疵，故终身都无足处。 ——《今世说》卷一

守着多大的碗儿吃多大的饭。 ——《红楼梦》第六回

俭虽美德，然太俭则悭。 ——《荆园小语》

务小巧者多大拙，也小利者多大害。 ——《荆园小语》

好学则老而不衰，可免好得之患。 ——《荆园小语》

能甘淡泊，便有几分真学问。 ——《西岩赘语》

朴能镇浮，静能御躁。 ——《西岩赘语》

纵欲之乐，忧患随焉。 ——《西岩赘语》

"利"之一字，是学问人品一片试金石。 ——《西岩赘语》

能省事，自无妄费；无妄费，方可以讲廉。 ——《西岩赘语》

浅人好夸富，贪人好哭穷。 ——《西岩赘语》

蜗牛升壁，涎不干不止；贪人求利，身不死不休。 ——《西岩赘语》

慎能远祸，勤能济贫。 ——《西岩赘语》

无故之利，害之所伏也。 ——《钝吟杂录·家戒》

宁直毋媚，宁介毋通，宁恬毋竞。 ——《蕉窗日记》卷二

年年防俭，夜夜防贼。 ——《醒世姻缘传》

大海不禁漏卮。 ——《醒世姻缘传》第九十四回

人君能俭，则百官化之，庶民化之。 ——《潜书·富民》

朴诚易厚物，省约则寡须。 ——《节俭图》

去一分奢华便少一分罪过，省一分经营便多一分道义。 ——《省心短语》

第三章

中国历代帝王的"勤俭"典故

　　廉洁最早出现在战国时期伟大的诗人屈原的《楚辞·招魂》中："朕幼清以廉洁兮，身服义尔未沫。"东汉著名学者王逸在《楚辞章句》中注释说："不受曰廉，不污曰洁。"也就是说不接受他人馈赠的钱财礼物，不让自己清白的人品受到玷污，就是廉洁。

　　《史记》曰："天下明德，皆自虞舜始。"这足以证明，中华文明几千年，有仁义礼智孝的良好开端，有勤俭节约的美好传统。

　　明朝人丘濬在《大学衍义补·正朝廷》中说："人君所居之位，极崇高而至贵重，天下臣民，莫不尊戴，譬则至大之宝也。"他说，帝王要想拥有"大宝之位"，首先要聚财，即"体天地生生之大德，以育天地所生之人民，使之得所生聚"；其次要理财，即"制其田里，教之树畜"；第三，还要"正辞"，即"辨其名实，明其等级，是是非非而有所分别，上上下下而无有混淆"。概言之，帝王只有做好"正德、利用、厚生"等大事，才可以令天下称颂。

　　管仲曰："礼义廉耻，国之四维，四维不张，国乃灭亡。"纵观历代帝王，有廉，有俭，有奢，有靡……俭廉勤政者，皆有盛世之况，骄奢淫逸者，皆为末世之君。帝之勤俭，国之根本也。让我们翻阅历史，来看看历代帝王的廉政之风。

一、俭廉——开国之帝，躬行俭德

　　历代开国皇帝多勤俭。他们意识到前朝前代灭亡的一个重要原因就是奢侈浪费，为了使自己打下的天下能长治久安，他们往往非常注意节俭。

（一）布衣天子刘邦——与民生息

汉高祖刘邦，在秦末农民起义，楚汉战争后，获得帝王之位。刘邦建立汉朝之后，以文治理天下，征用儒生，诏令天下，广泛求贤。同时，他废除秦朝的苛法，与民约法三章，封存府库，对百姓秋毫无犯，深得民心，也奠定了汉代雍容大度的文化基础。

刘邦自己也比较勤俭节约。统一并定都长安后，他的丞相萧何就在长安为他营建宫殿——未央宫。刘邦在外面打仗，从战场上回来，一看萧何营建的这个未央宫，宏伟壮丽，华丽无比，非常生气，他对萧何说，天下大乱，至今没有安定，民不聊生，烽火连天，你给我造这么华丽、奢侈的一座宫殿，太不像话了。这说明刘邦这个人在刚当皇帝的时候确实还保存着他的平民意识，这还是很不错的，在今天看来是很廉洁的。萧何说，天子以天下为家，他的宫殿如果不宏伟壮丽，不足以表示他的权威。刘邦说，原来是这样。这才接受了这座宫殿。

（二）雄才皇帝杨坚——简朴爱民

隋朝开国皇帝杨坚，也提倡节俭，并与皇后带头过俭朴的生活。公元594年，关中大旱，他看到灾民吃的是粗劣食物，伤心得流下眼泪，并下旨撤去御膳，表示不喝酒，不吃肉。皇子杨俊生活奢侈，广建宫室，耗费大量金钱，被隋文帝下令关押；皇太子杨勇荒淫无度，酷爱女色，被隋文帝废黜。据《隋书》记载，杨坚"躬节俭，平徭赋，仓廪实，法令行，君子咸乐其生，小人各安其业，强无凌弱，众不暴寡，人物殷阜，朝野欢娱，二十年间天下无事……"。而二子杨广，投其所好，装出俭朴的样子。每次文帝去杨广府中，他都把年轻貌美的姬妾藏起来，让一些相貌丑陋的老妇人穿着粗布衣裳出来迎接。文帝误以为杨广廉洁自律，就把他立为太子，作为皇位继承人。可惜的是，杨广登基后荒淫无度，隋朝很快灭亡了。

（三）马上皇帝赵匡胤——勤俭治国

宋太祖赵匡胤无疑是历史上的伟大皇帝之一，他结束了五代十国的战乱局面，基本完成了中原地区的统一，结束了安史之乱以来长达两百年的诸侯割据和军阀战乱局面，使饱经战火之苦的民众终于有了一个和平安宁的生产生活环境。作为五代十国的终结者和大宋王朝的开拓者，赵匡胤心地清正，疾恶如仇，宽仁大度，虚怀若谷，好学不倦，勤政爱民，严于律己，不近女色，崇尚节俭，以身作则。这些都深为后世所称颂。

赵匡胤生于一个没落世家，早年历尽生活的坎坷，十分了解社会最底层人民的疾苦，他决心以自己的努力来改善这个社会。后来他壮志得酬，终于黄袍加身，成了大宋的开国皇帝。但他富贵后不忘本色，照样简朴律己，日常生活很朴素，衣服、饮食都很简单，如其衣服也只有登殿上朝时穿的是用绫锦做的，其他大多只是绢布，有的和一般小官吏的布质是一样的，而且常洗又洗，很少换新的。赵匡胤的内宫，是历朝历代最简朴的，宦官只有五十余名，宫女也只有两百多名。即便如此，赵匡胤也认为太多了，还遣散自愿出宫的五十余人。皇宫里的装饰也都很朴素，连窗帘都用很便宜的青布制成。一顶落色甚多的旧轿子作为皇帝的座驾，他居然用了不少年。

赵匡胤称帝后，北汉政权尚未被统一进大宋的版图。于是赵匡胤在开宝元年、二年，及九年，先后三次攻打北汉。其中的一次，在征讨北汉途中，正逢七夕节，赵匡胤送给在汴京的母亲和妻子（太后和皇后）的节礼是：太后三贯钱，皇后一贯半。对母亲和妻子如此"抠门"，对女儿则更是有过之而无不及。有一次，赵匡胤的女儿永庆公主入宫觐见父亲。公主穿着一件新外衣，那上面用金线缝缀着一片片孔雀羽毛，蓝的像湛蓝的湖水，绿的像碧绿的翡翠，在阳光的照耀下闪闪发光，十分华丽。谁知父亲一见她就说："你把这件华服脱下，以后别再穿了。"听到父亲的话，公主很不理解，噘着嘴巴说："宫里翠羽很多，我是公主，一件衣服只用一点点，有什么要紧？"宋太祖严厉地说："正因为你是公主，所以不能享用。你想想，你身为公主，穿了这么华丽的衣服到处炫耀，别人就会效仿。过去，战国时齐桓公喜欢穿紫色衣服。结果全国上下都跟着学，搞得紫布都贵了好几倍。今天，你的这件衣服上面有金丝线、孔雀羽，价格都很高，你知道制作一件要花多少钱吗？如果别人效仿你，全国要浪费多少钱？按说你现在的生活已经很优渥了，你不要身在福中不知福，要十分珍惜才是。你怎么可以带头铺张浪费呢？"听了父亲的批评，公主无话可说，连忙叩头谢罪，诚心诚意地承认自己的错误，并表示今后要向父亲学习，不再奢侈。

宋太祖这种为天下守财的精神，的确使当时的宋王朝累积了不少财富。北宋建国不久，便已有三十二个国库堆积满了金银锦绮。

然而，对自己和亲属极其节省的赵匡胤，在维护国家利益特别是维护安定方面，却出手大方。久经沙场的他看多了刀兵相见，看多了民不聊生的场景，登基后他凡事力争避免流血，反对用武力解决问题。他认为军士及百姓的生命才是最宝贵的，钱财能够解决的，他绝不动用武力。在这方面，他又是史上最慷慨的皇帝之一。为了国内安定，他力行文治主义，抑制了武将势力的膨胀。面对边界强敌威胁，他并没有劳民伤财地不断打仗，而是拼命累积国家财富，以钱买地盘，从而避免双方交兵。为了社稷的稳定，宋太祖也是很慷慨的，用大把金钱来购买安定。如杯酒释兵权时，他便以钱财交换军团将领的兵权，使那些拥兵自重的将帅解甲归田，安分守己地度过余生。这比其他朝代为求安邦而大肆杀戮开国功臣的做法，不知要高明多少倍。

（四）草原皇帝忽必烈——铁腕勤政

元朝开国皇帝忽必烈也很节俭，他不仅自己节俭，也要求皇后等人这样做。一次，察必皇后从太府监支取缯帛表里各一匹，忽必烈便批评她："此军国所需，非私家物，后何得支？"察必皇后从此也勤俭自持。她亲率宫人，用四弓弦缉绸成衣，并把弃置的羊皮缝成地毯，加以利用。忽必烈厉行俭朴，对子孙要求也十分严格。一天，皇子云南王忽哥赤，从村中强取水禽，数量超过了规定，忽必烈知道了，"命杖责七十，皮肉俱裂"。一次，皇太子真金病了，忽必烈前去看望，见到太子床上有织金卧褥，十分生气。他对太子媳妇阔阔真说："我总以为你贤淑，为什么奢华若此呢？"阔阔真急忙跪地，回禀说："平时不敢施用，只因太子生病，恐有退气，才用了它。"说罢，随即撤掉了织金卧褥。忽必烈为了教育后世子孙，还在宫廷中移种了"思俭草"，要他们见物而警醒，不忘节俭。

（五）和尚皇帝朱元璋——勤政爱民

豪华奢靡，富丽堂皇，这通常是我们对帝王生活的理解。朱元璋这个贫苦少年成了开国之君，他的帝王生活又是怎样的呢？

1.勤于政务

朱元璋是一个少有的勤政皇帝，他体力充沛，精力过人，事必躬亲，事无巨细，几乎从不知道休息。早年艰难困苦生活的磨炼使他不畏繁剧，而支持他的，还有他自己认定的身为人君的责任。朱元璋打江山，戎马倥偬；明朝建国，百废待兴。天下庶务，总于一人，非有过人精力，无法承担。

有人统计，在洪武十七年（1384年），从九月十四日到二十一日的八天之中，天下各衙门所上奏章达一千一百六十件，所言之事有三千三百九十一件。以每件奏章一千字计，也要有一百一十六万字。这样算下来，他平均每天要批阅二十余万字，处理四百二十三件事。此外，他还要每天上朝接受面奏，接见各地来京上告的耆民，处理百姓击登闻鼓直接告状的事，定期接见朝觐的官员，真可以说是日理万机。朱元璋曾说，我自即位以来，经常以勤奋努力勉励自己，天没亮即临朝，太阳偏西才回宫；夜里想着天下大事，睡不安稳，就披衣起床，观看天象，看到一颗星星位置不对，就会想可能有哪一件百姓的事应当马上办，立刻一条一条记下来，等天亮了再安排下去，唯恐各项事情的处理有一丝一毫的不当。朱元璋操劳国是，常常吃着饭就停下来，想起一事，就写在纸条上，贴在身上，因此他穿的衣裳往往贴满了条子，就像他浑身长满了羽毛。在他的后宫和殿堂的墙上，也都贴满了条子，事情办完后才取下。

朱元璋为什么要如此不知疲倦地工作呢？因为他认为身为"人君"，有一种责任——他说："人君日理万机，怠心一生，则庶务壅滞，民无所赖，贻患不可胜言。"最重要的是"天命去留，人心向背，皆决于此，甚可畏也。安敢安逸！"我们从这番话中也可以看出他的追求与志向，那就是以救民自任，以圣人自期："凡事，勤则成，怠则废；思则通，昏则滞。故善持其志者不为昏怠所乘，是以业日广，德日进。"他认为，常人与圣人的区别在于勤奋和思虑，他想要做像大禹、周文王那样的圣人，而以元朝末年皇帝的骄奢淫逸为戒。

2.简朴生活

朱元璋还是一个历史上少有的简朴皇帝，他的简朴并非出于吝啬，而是出于爱惜民力的真诚。当然，长治久安也一直是他考虑的因素，他担心骄奢淫逸将导致国家败亡的命运。

早在打天下的时候，他的简朴就已非常著名。朱元璋即位以后，在应天府修建明朝宫室时，只求坚固耐用，不求奇巧华丽，下令取消所有花哨美丽的装饰，宫室墙壁上仅有少许彩绘，且内容都非常正面：后妃宫室绘耕织图；太子宫室绘朱元璋开国事迹图；他本人起居的宫室墙上更是连彩绘都没有，全是历代修身养性治国平天下的典故格言，以提醒自己。按照惯例，皇帝使用的车舆、器具等物应该用黄金装饰，他却下令全部以铜代替。主管的官员报告说用不了很多黄金。朱元璋却说："我不是吝惜这点黄金，而是提倡节俭，自己就应该作为典范。"除此之外，朱元璋还是唯一一个把宫廷内的御花园改成"御菜园"的皇帝。洪武朝的明皇宫内连假山花木都没有，更别提造什么庭园。所有的院落空地里都栽上了菜，宫中蔬菜自给自足，朱元璋本人更是以蔬食为主，酒肉甚少。理政倦怠时，他便在菜地里徜徉，欣赏众人汲水灌园、捉虫除草、耕耘收获时热火朝天的景象。这番风光似乎比小桥流水更能使他恢复精力。朱元璋给马皇后过生日时，只用红萝卜、韭菜、青菜、小葱豆腐汤宴请众官员。而且规定：今后不论谁摆宴席，只许四菜一汤，谁若违反，严惩不贷。

明朝人称赞朱元璋，说他："节于自奉，食不用乐，罢四方异味之贡。非宴群臣，不特设盛馔。功业益崇，益尚俭朴。"这话是说，朱元璋的吃穿用度很节俭，吃饭时不像一些帝王那样需要演奏音乐，他还下令各地停止进贡奇珍异味，如果不是要宴请群臣，绝不摆大的宴席。朱元璋功业越高，越崇尚简朴。

朱元璋曾经到东阁视察，当时天气酷热，流汗沾衣，跟随的人随即给他换下湿衣，那些衣服都是洗了又洗的。宋思颜说："主公躬行节俭，真可示法子孙。"朱元璋听了这话很高兴，于是赏给他一些宝钞。

朱元璋历行节俭，是因为他体会民心，爱惜民力，他认为天下百姓的饥寒冷暖与他息息相关。他说："忧人者常体其心，爱人者每惜其力。朕每进一膳，即思天下民之饥，服一衣，即思天下军民之寒。"

历代由骄奢淫逸导致败亡的教训太多了，为了明朝的长治久安，他将其牢记心中，时时作为警示，同时，他还要以自身的行动给下面的官员侍从做出榜样。他曾经说："古王者之兴，未尝不由于勤俭；其败亡，未尝不由于奢侈。前代得失可为明鉴，后世昏庸之主，纵欲败度，不知警戒，卒濒于危亡，此深可慨叹。大抵处心清净则无欲，无欲则无奢侈之患。欲心一生，则骄奢淫逸无所不至，不旋踵而败亡随之矣。朕每思念至此，未尝不惕然于心，故必身先节俭，以训于下。"

另外，在南北朝时，南朝宋、齐、梁、陈的开国君主也大都能保持节俭，如梁的开国君主萧衍，其生活很节俭，每日吃粗茶淡饭，身穿布衣，头戴的帽子三年不换，被子盖两年才换。

南唐的开国君主李昪，出身贫寒，了解民间疾苦，他不仅一直注意奖励农耕，让百姓安居乐业，还尤其注意节俭。为了节俭，皇宫中连蜡烛都舍不得点。而用乌桕籽油照明，使用的官婢不过数人，且都是老丑不嫁者。

古代开国皇帝多勤俭，为后世的中兴奠定了良好的根基。

二、勤政——盛世之君，存乎节俭

每一个封建王朝，都经历了开国—强盛—没落的历史之路。而不管是开国时的君主，还是强盛时期的君主，都很重视节俭为民。

（一）中兴之主刘询——加薪促廉

汉宣帝刘询是汉武帝的曾孙、戾太子的孙子。汉武帝征和二年（前91年）"巫蛊之祸"发生后，戾太子及其子女皆蒙屈而死，唯有尚在襁褓中的刘询幸存下来，但从此流落民间，直到十七岁时被霍光等迎立为帝。由于从小在民间长大，汉宣帝深知民事艰难、闾里奸邪以及吏治得失，深知百姓对于政治清明的期盼。他在位期间励精图治，特别是大力整饬吏治，史称"吏称其职，民安其业"，成就了"宣帝中兴"。不少史论者认为，宣帝时期乃有汉一代最为鼎盛的时期。

那么，汉宣帝是如何治吏的呢？出人意料，汉宣帝治吏的一个重要手段，是给基层官吏"加薪"。神爵三年（前59年），汉宣帝颁布了一个诏令："吏不廉平则治道衰。今小吏皆勤事而俸禄薄，欲无侵渔百姓，难矣！其益吏百石以下俸十五。"

西汉官员的俸禄，从中央政府号称万石的三公到县里面百石以下的斗食佐吏，一共二十多级，越在基层，职位越低，俸禄也就越薄。特别是为数众多的低级官吏，还不像高官重臣时不时能得到朝廷赏赐，如果仅靠薪水养家，难免有衣食之忧，因此，若是有什么"侵渔百姓"的现象，怕是也不足为奇了。

如前所说，汉宣帝从小在民间长大，深知百姓疾苦，在他成长过程中，恐怕没少见到百姓受基层官吏盘剥勒索的情景。与此同时，他又清醒认识到，这些和百姓直接打交道的小官小吏，拿着微薄薪水，承担着大量繁重的日常事务，光靠道德说教，或者靠汉武帝时期那种严刑重法，想从根本上解决腐败问题，难矣！古语说，仓廪实而知礼节，衣食足而知荣辱。要让这些基层官吏安于职守，廉洁奉公，除了严厉惩治腐败外，还必须给予他们宽裕的生活保障，使他们不必挖空心思从百姓身上捞油水、找回报。

以对百姓的感情为出发点，最后却落在了给基层官吏"涨工资"上，看似背道而驰，却深刻体现了汉宣帝冷静的现实主义态度。特别是将加薪对象限定在基层官吏上，说明汉宣帝对此有着清醒的判断，而非滥用国家财力。

（二）强盛明君李世民——造就没有贪污的王朝

唐太宗李世民是唐朝的第二位皇帝。他居安思危，任用贤良，虚怀纳谏，实行轻徭薄赋、纾缓刑罚的政策，并且进行了一系列政治、军事改革，终于促成了社会安定、生产发展的升平景象，史称"贞观之治"。

贞观王朝是中国历史上少有的没有贪污的时期之一，在李世民的统治下，皇帝率先垂范，官员一心为公，吏佐各安本分，滥用职权和贪污渎职的现象降到了历史上的最低点。尤为可贵的是：李世民并没有用残酷的刑罚来惩治贪污，主要是以身示范并制定一套尽可能科学的政治体制来预防贪污。在唐朝这个高度集权，缺乏民主观念的时代里，最高领导人的素质决定了国家的命运。李世民除了具备历史上的英明帝王共有的优势外，还具有下面这些独有的优势。

1.对国家民族的强烈责任心和浓厚的危机意识

责任心是领导人物必须具备的第一要素，没有或缺少责任心的领导纵使才华盖世，也一样会祸国殃民，不是渎职就是滥用职权。中国的很多帝王就是因为缺少责任心，才会把祖辈千辛万苦打下的江山玩垮了或玩丢了，结果使老百姓陷入周而复始的循环性浩劫之中。李世民的民族责任心可以说是前无古人，后无来者。他坐上皇帝宝座后，并没有像中国封建社会的大多数权力人物一样自以为大功告成，可以坐下来好好放松一下，利用手中的职权尽情享受荣华富贵的滋味。相反，他比登基前更加勤于政事，一头埋在公务里，每天只睡很少的时间，整天在金殿上和文武大臣讨论国政，裁决案件和办理公事，有时一连几个小时也不肯停下来休息一下，以至于常常忘记了吃饭睡觉。

2.襟怀坦白、光明磊落的执政风范

中国古代的历代统治者，不少拥有无穷无尽的小聪明，并以在人前耍小聪明为荣；很少有人想到诚实执政，坦白对人。结果当政者用诡计驭使部属；部属也依样画葫芦用诡计蒙蔽首脑。李世民是中国历史上真正做到诚实执政的少数帝王之一，他在任时对臣僚敞开胸怀，不行欺诈之术；臣僚也尽忠职守，不搞欺瞒哄骗的传统官场伎俩。李世民即位之初，曾花大力气整顿吏治，下决心要在官场根治贪污受贿的不治之症。为了侦察那些暗中受贿和将来有可能受贿的贪污官吏，李世民令亲信暗中向各部官员行贿，结果还真查处了几个贪官。李世民在得意之余把他的谋略告诉一位隋朝遗臣，没想到这位大臣当场泼了他一瓢冷水：陛下平时总告诫臣民要诚信待人，可陛下自己却先行欺诈之术，上梁不正下梁歪，臣民会一样用欺诈的手段报答你。李世民认为大臣的话有很深的智慧，欣然接受了这句令普通当权者恼羞成怒的逆耳忠言。还有一次，李世民下令年龄虽不满十八岁，但体格健壮的男子也要应征入伍。魏徵拒绝在诏书上副署（注意：这是李世民最为智慧的杰作，他的命令没有分管大臣的签字没有法律效力，没有哪个皇帝会主动限制自己的权力，只有李世民例外）。李世民解释说："这是奸民逃避兵役，故意少报年龄。"魏徵回答说："陛下常说我以诚信待天下，要人民不可诈欺；可你却先失去诚信。陛下不以诚信待人，所以先疑心人民诈欺。"李世民的反应是深以为然，并立即收回成命。

3.唯一没有贪污的王朝

中国古代官场的贪污"病菌"是无孔不入的，以致绝大多数人都认定贪污是人类社会的不治之症，只要有"官"的地方就避免不了贪污。

这里所说的基本上消灭了贪污并不是说完全杜绝了贪污现象，而是指贪污行为在整个官场中属极个别的现象，且贪污的数额不大（一年的贪污额一般不会超过此人一年的薪水），持续的时间也不会很长（连续作案三年以上的少之又少），都会很快败露且受到毫不留情的严惩。

贞观王朝是中国历史上唯一没有贪污的王朝，这也许是李世民最值得称道的政绩。在李世民统治下的唐朝，皇帝率先垂范，官员一心为公，吏佐各安本分，滥用职权和贪污渎职的现象降到了历史最低。尤为可贵的是：李世民并没有用残酷的刑罚来惩治贪污，主要是以身示范和制定一套尽可能科学的政治体制来预防贪污。

他提倡节俭，首先以身作则，积极发挥带头作用。他居住的宫殿还是隋朝时建造的，许多地方已经破旧。但他考虑刚刚结束战乱，社会经济受到严重破坏，国力薄弱，百姓生活困难，所以就没有大兴土木，而是强调节俭，不允许修建新宫殿。唐太宗还爱惜民力，从不轻易征发徭役。他虽然患有气疾，不适合居住在潮湿的旧宫殿，但一直在隋朝的旧宫殿里住了很久。

在一个精明自律的统治者面前，官吏贪污的胆量很小，贪官污吏也不容易找到藏身之地。明王朝的朱元璋对贪污的处罚最为严酷，对贪官一律处以剥皮的惨刑，可明王朝的贪官之多在历史上仍属罕见。可见防范贪污主要取决于一套科学的政治体制，光靠事后的打击只能取效于一时，不能从根子上铲除贪污赖以滋生的社会土壤。

（三）诗人皇帝赵恒——反腐倡廉的第一高手

宋真宗赵恒是个诗人，脍炙人口的"书中自有千钟粟""书中自有黄金屋""书中自有颜如玉"就是出自他的名篇《励学篇》。不仅如此，宋真宗还是个有作为的明君。他在位二十五年，治理有方，北宋的统治日益稳定，国家管理日益完善，社会经济繁荣，国家强盛，史称"咸平之治"。

一个必须注意的事实是：尽管北宋的面积、人口、资源都比唐朝差得多，但北宋经济繁荣，边贸红火，贡赋通达，税收富足，这些是唐朝无法比拟的。遇到风调雨顺的好年景时，其岁入是唐朝的七倍；即便灾害频繁，其岁入也是唐朝的三倍左右。那时，宋朝富甲天下，经济总量占世界的80%，其一年的铸钱量最高可达五百万贯。面对这样的巨大诱惑，北宋时期官员的贪污腐败现象却很少，尤其是与相距较近的明朝相比，更是稀少。这是为什么呢？

首先，宋真宗有一个传诸后世的良好的廉政理念。他颁布了告诫百官的《文武七条》：一是清心，要平心待物，不为自己的喜怒爱憎而左右政事。二是奉公，要公平正直，自身廉洁。三是修德，要以德服人，而不是以势压人。四是务实，不要贪图虚名。五是明察，要勤于体察民情，不要苛税和刑罚不公正。六是勤课，要勤于政事和农桑之务。七是革弊，要努力革除各种弊端。这《文武七条》均是廉政之举，是统治者的苦心安排，也是老百姓的热切期望。在宋真宗看来，"清心""修德"就是廉政的源头，做到这两者就能实现"德治"。然而，这样的廉政理念，如果没有与之相对应的管理制度，也只能是水中花、镜中月而已。

其次，宋朝有一整套严谨有效的官员选拔任用制度。宋代严明赏罚，官员有试用期，试用官员转正要有若干名正式官员保举，按规定，官员不得保举曾犯有贪污罪的官员转正。宋朝允许在职官员参加科举考试，考中者可提前转正或越级提拔，但曾犯有贪污罪者不许参加科举考试。又规定，凡重要职务和接触钱财的职务，一律不允许曾犯贪污罪者担任。宋朝官员通常定期升级，但曾犯贪污罪的官员升迁则举步维艰。一个官员若犯贪污罪，其上司、曾荐举过他的官员都要受到处罚。这使得上司很注意防范下属贪污，荐举者很关心被荐举者的德行，这样就在很大程度上保证了只有才德兼备者才能被选拔进入官员队伍，自然而然，官员的贪污行为也就相应减少。

同时，宋代吏部还建立了官员档案，凡犯贪污罪者都记录在案。宋代还规定，这些犯罪者，每次晋级或调动职务时，都要向吏部主动申报自己曾犯过贪污罪，并规定，此类官员不得随意更改姓名。这样的规定，动员了上上下下各方面的监督力量，杜绝了贪污腐败者上升的空间，并将他们置于严密的监管体系中，杜绝了他们再次搞腐败的可能。

第三，建立了一套监察官员的渎职惩处制度、选拔标准和职务回避制度。宋朝对具有纪委职责的监察官员有着严格的规定，甚至监察官违反出巡制度都要遭受处罚。还特别规定了监察官失察、自身贪暴受惩处的制度。对于失察的监察官，宋真宗实行严厉的处罚。史载，王曙为河北转运使，因受贿降为寿州知州；张观任解州通判，因没有举劾赃吏，被降监河中府税。

有关史籍记载，宋朝监察官员台官（御史）的选拔，有严格的标准：首先要"鲠亮敢言"，廉洁无私，纠弹不避权贵。其次要有较高的文化素质和从政实践经验。宋朝规定，台官"于太常博士以上，中行员外郎以下举充"。强调举具有基层实践经验的官员充当御史。三是实行官亲回避制度。凡宰执所荐之人，以及宰执子弟、亲戚和属官，一概不得充任台官。宰执不得荐举御史，宰执所荐之人不得为御史，以及与宰执有亲嫌、同乡关系或为其属官者也不得任御史。因为宰相奏举御史，御史必然与宰相结党营私，把朝政搞得乌烟瘴气。这正是宋朝三令五申不准宰执奏举御史的原因所在。

因为这些廉政举措，宋真宗和他的后来者们创造了一个政治清明，物质文明与精神文明双丰收的宋王朝。

（四）盛世之帝康熙①——去奢从简

康熙帝是康乾盛世的开创者，也是中国古代为数不多的一位明君。他的雄才大略和文治武功，世人早已多有评说。值得一提的是，这位幼年登基的万乘之君，还是一个去奢从简、厉行节约之人。

1.以身作则

康熙三十九年（1700年），他对大学士们说："自朕听政（康熙帝十四岁亲政）以来，一应服食，俱从节俭。"四十七年秋，他斥责皇太子胤礽时又说："朕即位以来，诸事节俭，身御敝褥，足用布袜。"此言虽有炫耀之意，但不能否认，他在努力为臣工做出节俭的榜样。

康熙帝出门在外同样厉行节约，不许为他修路，不许擅自建立行宫，已有行宫不许施加彩绘。有些地方官请示将当地行宫交予他们管理，可康熙担心如此一来增加地方负担，遂下令今后不再修缮，任其损坏。他还下令，不许当地官员搭建彩棚，搞什么迎送仪式；不许为他的题字、题词刻碑文建碑亭。如有违反，被康熙知道了，一律痛加申斥，并严令禁止。

雍正三年（1725年），雍正帝召集王公大臣，向他们展示康熙帝生前在乾清宫东、西暖阁所用的毡毯。大臣们看后奏称：（康熙帝）御极六十余年，时时以爱惜物力，崇尚俭素……御前陈设之毡，历三十余年，尚洁净完整，崇俭惜物，实从古未有。对于宫中的陈设用品，康熙帝是以经济节俭为标准，崇尚简朴，不务虚华。

康熙年间在清廷供职的法国传教士白晋，曾目睹康熙帝在日常生活中的一些情况，有如下记载：就其（康熙帝）个人有关的方面看，那种恬淡素朴简直是没有先例的。他满足于最普通的菜肴，从未有丝毫过度，他的淡泊超过了人们所

---

①杨珍.《康熙帝宫中节约措施》.中国文化报.2014.1.13

能想象的程度。皇宫内部以及一些殿宇，即使是皇帝所居住的，也只有几幅字画、几件描金饰物和一些相当简朴的绸缎，而绸缎在中国是十分普通的，不在奢侈品之列，简单朴素就几乎是那里的全部装饰了。他的衣着，除了几件宫廷极为常见的过冬的黑貂、银鼠皮袄外，还有一些在中国算是很普通、很常见的丝绸服装。夏天，我们看到他穿一件普通的麻布短褂，这也是一般人家常穿的衣服。他在宫内、宫外不骑马时用的那顶轿子，只是一件类似担架的东西而已，木质平常，有几处包有铜片或者点缀一些镀金的木雕。马具中较豪华的只不过是一副相当朴素的镀金铁质马镫，以及一条由黄丝绒编制的马缰绳而已。

这些描述显然有溢美之词，但在一定程度上反映出康熙帝生活的某些侧面。一次，康熙帝语重心长地对儿孙们说："尝闻明代宫闱之中，食御浩繁，掖庭宫人几至数千，小有营建，动费巨万。今以我朝各宫计之，尚不及当日妃嫔一宫之数。我朝外廷军国之需，与明代略相仿佛，至于宫闱中服用，则一年之用，尚不及当日一月之多。"康熙二十九年（1690年），康熙帝曾与大学士们将明清两朝宫中费用做了一番比较，开列出一连串令人咋舌的数字：

前明宫内，每年用金花银，共九十六万九千四百余两，今悉已充饷；前明光禄寺，每年送内所用各项钱粮二十四万余两，今每年止（只）用三万余两；（明宫）每年木柴二千六百八十六万余斤，今止用六七百万斤；（明）各宫床帐、舆轿、花毯等项，每年共享银二万八千二百余两，今俱不用；前明各宫殿，九层基址、墙垣俱用临清砖，木料俱用楠木，今禁中修造房屋，除非万不得已，不但基址不用临清砖，凡一切墙垣，俱用寻常砖料，所用木材，亦唯松木而已。

同样居住在紫禁城内，同样是宫中开销，一个腐朽没落王朝与一个新兴王朝之间，反差如此之大，发人深省。

每年修缮热河避暑山庄，一般一次要用两千两银子，但康熙五十六年（1717年）的修缮工程，管事官员称需白银三千两。康熙帝闻后命详查，于是内务府拟将修缮之资压缩到两千两。康熙帝阅折后朱批：两千两银仍旧太多了！此外，在康熙帝的敦促下，单是购买皇宫内外修建工程颜料的费用从康熙三十七年至五十二年间，就节约白银十三万三千余两。

2.朝野之反映

康熙帝奉行节俭、表率臣民的举措，在朝野上下产生了较大影响。王公大臣们纷纷效法，少用、不用金银器皿及金马镫等贵重物品，日常服用所需资费，也"较从前十分之内，已减九分矣"。康熙初年，高官贵族为亲属祭葬时，仍以焚化皮衣为时尚，至康熙朝中叶"其风已熄"。

可是，时人对于康熙帝的俭省节约，或有微词。如康熙四十八年（1709年）朝鲜使臣返国后向其国君报告说，康熙帝"贪爱财宝，国人皆称曰爱银皇帝"。这应当如何解释？

原来，康熙帝不仅于宫中奉行节俭，在理政治国、处理国家财政问题时同样如此。毋庸讳言，节俭方针的实施必然要触动统治集团内部某些人的既得利益，使贪官污吏的不法行径受到一定程度的阻碍，从而引起部分官员的不满。在这种情形下，深受其"害"的人牢骚满腹，微言相谤，也就难以避免。所以，对康熙帝冠以"爱银皇帝"之名的"国人"，应主要是指那些受到节俭措施冲击的官员。

实际上，康熙帝在奉行节俭方针时，分寸掌握恰当，内外有别。白晋对此深有感触，曾记述如下：他（康熙帝）非常节制个人的开支，同时又十分慷慨大方地提供国家经费。只要是为了臣民的福利，哪怕花费千百万他也在所不惜。修缮公共建筑，保持江河管道的畅通，建桥、造船等，一切方便百姓、有利贸易的事情，他动用巨款十分慷慨。因此不难断定，他不为个人妄费分文，完全是出于贤明的节约，以便把金钱用于国家的真正需求。

3.勤俭之根源

康熙帝之所以能制定和实施各种节俭举措，注重以身作则，其原因是多方面的。他虽然是在清朝定鼎北京以后出生，但满族人入关前崇尚勤俭、"敦朴为风"的传统对康熙帝仍有较大影响。他对儿孙们说："朕生性不喜价值太贵之物，出游之处所得树根或可观之石，围场所获野兽之角或爪牙，以至木叶之类，必随其质而成一应用之器。即此观之，天下之物虽最不值价者，以作有用之器，即不可弃也。"这体现出他以实用为本的价值观和追求自然与质朴的审美观。

另一方面，作为清朝初年的最高统治者，康熙帝所处的历史环境，也不允许他高枕无忧。在位六十多年间，先有辅臣鳌拜专权，接着又有平定吴三桂叛乱的战争、统一台湾之役、与准噶尔部的长期战争以及诸皇子争夺储位之事等。在其继位初期，经济亟待恢复，漕运、治河等诸多关系国计民生的问题尚未解决。如此紧张、多事的客观形势，要求他必须慎言慎行，保持比较清醒的头脑，尽可能地克制自己的欲望。康熙帝勤政爱民，一生多有建树，奉行节俭是其各项重大方针、国策中不可或缺的一项。这种深谋远虑、戒骄戒躁的务实作风，值得后人借鉴。当然，康熙帝的节俭和简朴，都只是相对历史上一些骄奢淫逸、挥霍无度的帝王而言的。尽管他不断制定各种节省方案，但清宫的日常耗费，依然触目惊心。显然，他的种种节约措施，并不能从根本上解决封建王朝的固有问题。

（五）雍正王朝——封建历史上最廉洁的时代

雍正是康熙之后的一位皇帝，他认为，一个人只有为官清廉，才能主持公正。为此，雍正帝告诫官员："以循良为楷模，以贪墨为鉴戒……操守清廉乃居官之大本。故凡居官者，必当端其操守以为根本，乃可以勉为良吏。"

雍正帝对于清廉刚正的官员很爱惜。浙江总督李卫以严猛廉洁著称，雍正帝曾亲书"公勤廉干"匾额一方赐给他。李卫不苟同于官场积习，无所瞻顾，不徇私情，不避权贵，得罪了不少大员，这些人串通告状。雍正帝心中有数，指出：李卫粗率狂纵，人所共知，但他却是刚正之人，"朕取其操守廉洁，勇于任事。以挽回瞻顾因循，视国政为膜外之颓风耳"！

雍正帝要求官吏必须为官清廉，但同时也反对某些官员借清廉之名而沽名钓誉。为此，他指出："取所当取不伤乎廉，用所当用不涉乎滥。固不可竣削以困民，亦不必矫激以沽誉。"这就是说：做官的取自己应当取的钱财不能算作不廉，用自己应当用的钱物不能算是滥用。所以，既不要剥削老百姓，也不要伪饰清廉而沽名钓誉。

为了有效地推行廉政，雍正帝以身作则，以实际行动号召群臣节俭。雍正帝素喜清淡，"御膳"常常是烧豆筋、炒豆芽等几个简单的素菜，外加一碗糙米饭。掉一粒饭粒都要捡起来吃掉，未动的菜则回锅热热下顿再吃。连李卫都感叹皇帝太"寒碜"，雍正帝则淡淡一笑："朕富有四海贵为天子，何物不可求？何膳不可进？由俭入奢易，由奢返俭难啊！"雍正帝从未去过承德避暑山庄，也很少四处巡游。就算他不得不去拜谒祖陵时，都不同意在沿途安放过多的临时设施，稍有花销，就认为是过奢之举。此外，他对群臣进献的稀世珍宝也不以为然，反倒认为："行一利民之政，胜于献稀世之珍也；荐一可用之才，胜于贡连城之宝也。"

雍正帝明确指出："世人无不以奢为耻，以勤俭为美德，若诸臣以奢为尚，又何以训民俭乎？"即：世人都反对骄奢淫逸，都把勤俭当作美德。假如群臣反过来都以奢侈为时尚，那又怎么去教导百姓们提倡节俭呢？

应当说，雍正帝的确是一位胆识皆备、办事雷厉风行的皇帝。他有令必行，有禁必止。他在位十三年，励精图治，在施政的各个方面实行了独具特色的改革，并取得了一定的成效。尤其是他坚决打击贪污腐败行为，力倡廉政，整饬吏治等举措，在一定程度上革除了康熙王朝后期遗留下的虚诈不实的官场弊端，为"雍正改元，政治一新"打响了第一炮，为乾隆初期的发展奠定了良好的基础。

雍正二年（1724年），他谕令膳房："凡粥饭及肴馔等类食毕，有余者切不可抛弃沟渠。或与服役下人食之，人不可食者则哺猫犬，再不可用者则晒干以饲禽鸟，断不可抛弃。朕派人稽查，如仍不悛改，必治以罪。"数年之后，他得知膳房沟水内仍有倒掉的饭食，又训诫膳房太监说："膳房沟水内魁弃饭粒甚多。从前不时晓谕，尔等并不严饬所管人役。如朕再行查出，必不轻恕尔等，不单罚尔等之俸、革膳房人等钱粮而已。慎之！慎之！"

在这里，雍正帝为节约粮食可谓费尽心思，从人食、猫食到鸟食，交代得清清楚楚。至高无上的封建皇帝，专门为剩粥剩饭的处理下一道特谕，在中国几千年的历史上大概也绝无仅有。

雍正五年（1727年）三月，他颁布长篇特谕，说："夫米谷为养命之宝，既赖之以生，则当加以爱惜，而不可存轻弃之心。且资之者众，尤当随时撙节，而不可纵口腹之欲。每人能省一勺，在我不觉其少，而积少成多，便可多养数人。若人人如此，则所积岂不更多，所养岂不更众乎？"为了打消人们"少食伤身"的顾虑，他说："养生家以食少为要诀，固所以颐神养和，亦所以节用惜福也。况脾主于信，习惯便成自然。每见食少之人，其精神气体未尝不壮，此显而可见者。"他还用"天人感应"说训诫缙绅百姓："米谷乃上天所赐以生养万民者，朕为天下主，惟有敬谨宝重，仰冀天心默佑，雨旸时若，岁获有秋，俾小民家有盖藏，人歌乐土。朕既为万民计，不敢轻忽天贶，尔等绅衿百姓，独不为一身一家之计乎？朝夕生养需用，既受上天之赐，若果加以爱惜，随时撙节，则上天必频频赐赉，长享盈宁之福；若恣情纵欲，暴殄天物，则必上干天怒，不蒙赐赉，而水旱灾祲之事不免。其理岂或爽哉！"

事实证明，雍正这一系列政策和对策，确实沉重地打击了贪官污吏，帝国的吏治也为之一清，雍正反腐倡廉仅仅五年，国库储银就由康熙末年的八百万两增至五千万两。更重要的是，社会风气改变了。于是就有了"雍正一朝无官不清"的说法。

（六）其他廉洁皇帝典故列举

如汉文帝刘恒，他在位二十三年，宫室、苑囿、狗马、车驾等都没有增添；曾经想要筑一个露台，但预算下来要花费黄金百斤，于是放弃了；屡次下诏禁止郡国贡献奇珍异宝；平时穿戴都是用粗糙的黑丝绸做的衣服，连他宠幸的慎夫人的衣服也不能长到拖地，帷帐不能有绣花图案；为自己预修的陵墓也要求从简，没有高坟茔，且不许用金银铜锡来装饰随葬器，而都用瓦器。

如魏武帝曹操，公元220年弥留之际颁布遗令，告诫大家，天下还没安定，不能遵照古代丧葬的制度来安葬他。在他死后，穿的礼服要像活着时一样。文武百官应当来殿中哭吊的，在他安葬后便都脱掉孝服。那些驻守各地的将士都不要离开驻地，官吏们要各守其职。在他的棺椁里不要放金玉珠宝之类值钱的东西。

如隋文帝杨坚，他住的地方布置得十分简单朴素，在修建新都时也极力避免奢华。他经常身穿布袍，寝布被子也很少使用金银等装饰品，饰带也只用铜铁骨角而不用金玉。他还身着布衣去田间耕作。他也不准宫娥嫔妃们穿戴华丽娇艳的服装，而只能穿普通的布衣。他自己坐的车子已经很陈旧了也不换新的，坏了就叫人修理修理，继续使用。有一次他配止痢药要用一两胡粉，找遍宫中竟也没有找到；又有一次他想找一条织成的衣领，宫中也没有。他平时吃的饭菜也很简单随意，明确规定每餐只能有一个荤菜。

如唐玄宗李隆基，即位初期，在生活上以节俭自励。开元二年（714年），他果断地宣布："乘舆服御，金银器玩，宜令有司销毁，以供军国之用；将珠宝、锦绣、焚于殿前。后妃以下服装都不得佩珠玉、刺锦绣。禁止天下采珠玉，织锦绣等物，违者杖一百。"这种比较清明的文治武功的政治局面，推动了开元盛世的出现。

如嘉庆皇帝，亲政后下令禁止地方官员搜寻、进贡各类宝物。新疆和田出产美玉，官员依前朝旧例运送进京。嘉庆闻知，下令不管玉石运至何处，就地抛弃，不许进京。他认为，地方官员所进贡品皆取自百姓，各级官吏借进贡之名肆意盘剥，巧取豪夺，民无以聊生。而且这些东西饥不可食、寒不可衣，纯属无用之物，"朕视之如粪土也"。与玉石珍宝同样受到嘉庆鄙视的，还有许多官员爱不释手的西洋钟表等玩意儿，嘉庆斥之为"更如粪土矣"。

如道光皇帝，其节俭在历朝帝王中堪称空前绝后。登基大典那天，他就让大臣们吃了一惊。照例，新皇登基要有乐队演奏，大臣们也早早在盼着，希望欣赏一下这几十年才有一次机会听到的"黄钟大吕之音，金声玉振之乐"。不料这位皇帝怕乐队排练费时费力费银子，所以下令"设乐而不作"。也就是让乐工们只拿着乐器摆摆样子。大臣们真是别提有多扫兴了。而更让他们失望的是，道光将其读贺表的仪式也给取消了。他们本来想着卖弄点好词好句，足足地给新皇帝溜溜须拍拍马，结果也泡汤了。看来，道光对形象面子工程建设的重要意义并不太感冒，节俭当先，能省的全省了。国家的事能省就省，个人的用度也省得一点不含糊。道光坐的轿子是他父亲嘉庆曾经用过的，坏了只许修理，不让做新的。他不摆谱，甚至说："即使不乘辇也无不可。"关于道光的节俭，流传得最广的一则佳话是他居然穿着打补丁的衣服。裤子的膝盖磨破了，不换新的，打上补丁照穿不误；而且他以此为荣，也不怕别人看见。上有所好，下必甚焉，大臣们亦纷纷效仿，不管裤子破不破，全都打上补丁，以求与皇上保持一致。

而这还只是历代许许多多俭朴帝王里的部分主要典型代表而已。

三、淫逸——末世之主，毁于骄奢

在这里，也举一些因为骄奢淫逸而最终葬送王朝的人物，以历史为明镜，从反面教育我们勤俭对一个国家兴亡的重要性。

（一）暴虐之君——商纣王

帝辛纣王，是商朝的最后一位皇帝。即位之后，重视农桑，社会生产力发展，国力强盛，还把商朝的国土扩大到山东、安徽、江苏、浙江、福建沿海一带。帝辛统一东南以后，将中原先进的生产技术和文化向东南传播，推动了社会进步和经济发展，促进了民族融合。但后期他却开始荒淫无度。

（1）大肆修建宫苑。把殷都向南扩大到朝歌（今河南淇县），向北扩大到邯郸、沙丘（今河北平乡东北），在这广大地区修建离宫别馆、苑囿台榭。

（2）宠爱美女妲己。终日歌舞，令乐师新作"淫声"，有所谓"北里之舞""靡靡之乐"；他还造酒池肉林，酗酒无度。

（3）搜刮百姓，鱼肉百姓。他大肆搜刮，粮食装满了巨桥的仓库，无数珍宝堆满了鹿台。

（4）任用坏人，迫害正直的大臣。如重用贪财好利和善于逢迎拍马的费仲，提拔善于挑拨离间的恶来。他废黜贬斥了受人们拥护的贤人高士。

（5）酷刑残害忠良。他用"炮烙之刑"残害人民，还用其他酷刑残害向他进谏的忠臣。用挖心酷刑处死向他进谏的叔叔比干，逼得向他进谏的哥哥微子逃亡，另一叔叔箕子虽然装疯也没能免遭囚禁。商纣拒谏饰非，残害忠良，使得朝中大臣、贵族以及诸侯和周边方国也都离心离德。

西伯姬昌（即周文王）因看到纣王残暴，暗中叹息几声，便被纣王囚禁在羑里（今河南省安阳市汤阴县羑里城遗址）。为转移人民的视线，纣王发动对周边方国的连年征战，后又把全部兵力用于对东夷的战争。战争加重了人民的负担，激化了已经尖锐的阶级矛盾。商王朝已经危在旦夕，不可收拾。武王伐纣时，商王朝众叛亲离，军队倒戈，商纣逃回商都，于鹿台自焚而死。

（二）去礼远众——隋炀帝

隋炀帝杨广是隋朝的第二个皇帝，是一个好色荒淫的亡国之君，于公元604年至618年在位，后被勒死，隋朝也随之灭亡。他在位期间营造东都洛阳城，对人民奴役征敛十分苛重，滥用民力，使生产遭到严重破坏。巨大的工程和连年的战争使老百姓不堪重负，引发大规模的叛乱。

（三）阶下囚徒——宋徽宗

宋徽宗赵佶是北宋的第八位皇帝，在位二十七年，最后落得个国亡被俘，被折磨而死的下场。当政期间，他穷奢极欲，荒淫无度，大肆搜刮民财，大建宫殿，并且信奉道教，发给道士俸禄，自称为"道君皇帝"；不仅如此，他还对外扩张，发动战争，导致民不聊生。最终亡国。

（四）淫君之首——明武宗

明武宗朱厚照是明朝的第十一位皇帝，是中国荒淫皇帝的典型。他重用太监刘瑾，致使朝纲混乱，百姓遭殃。他喜好声色，建"豹房"以享乐；狂放不羁，喜弄兵；数次到宣府、塞北、江南等地巡游，导致民间怨声载道。在位期间，各地民变纷起，宗室相继叛变。朱厚照最终因过度荒淫后溺水得病而死。

自古以来，勤俭节约、艰苦朴素就是中华民族的优良传统和美德，而骄奢淫逸、贪图享乐，则必然导致腐败，走向失败。勤俭节约美德的主要功绩，在于积有限之社稷资财，以兴家业，繁吾中华。"谁知盘中餐，粒粒皆辛苦。"吃苦耐劳的中华民族，数千年来创造了人类的伟大奇迹。万里长城、钱塘海堤凝聚了多少人的汗水。故宫的雄伟、大运河的美丽，无不是人民勤劳节俭的结晶。

在绝大多数人的眼里，拥有独断专行、生杀予夺的至高无上权力的中国古代帝王们，其宫廷里楼宇雄伟、美女如云，下人随叫随到，而且奇珍异宝、山珍海味、各地贡品特产应有尽有，他们一定每天都过着奢侈挥霍、花天酒地、寻欢作乐的生活。历史上也确实出现过一些不像样子的昏君、暴君、孬君。但是，生活奢靡、铺张浪费的帝王其实只是其中一部分，不少帝王的生活也会比较俭朴、普通。因为他们知道打天下难，坐江山也不易，所以都懂得勤俭节约、朴素淡泊。

这些帝王勤俭的典故对后世也有非常好的借鉴作用。

第四章

历史名人的勤俭故事

一、修身——克己求学

（一）苏秦、孙敬 刺股悬梁

战国时期的苏秦，夜以继日地读书，实在太累了，就用锥子刺大腿来使头脑保持清醒；东汉的孙敬，为了防止读书时瞌睡，便用一根绳子把自己的头发系在房梁上，只要一打瞌睡就会被扯醒。

（二）匡衡 凿壁偷光

西汉的匡衡，少年时就非常勤奋好学。由于家里很穷，他白天必须干许多活，挣钱糊口。只有晚上，他才能坐下来安心读书。但他又买不起蜡烛，天一黑，就无法看书了。匡衡非常心痛这浪费的时间。

他的邻居很富有，一到晚上好几间屋子都点起蜡烛，把屋子照得通亮。匡衡有一天鼓起勇气，对邻居说："我晚上想读书，可买不起蜡烛，能否借用你们家的一寸之地？"邻居一向瞧不起比他们家穷的人，就挖苦说："既然穷得买不起蜡烛，还读什么书呢！"匡衡听后非常气愤，下定决心，一定要把书读好。

匡衡回到家中，悄悄地在墙上凿了个小洞，邻居家的烛光就从这洞中透过来了。他借着这微弱的光线，如饥似渴地读起书来，渐渐地把家中的书全都读完了。

（三）苏廷页 吹火读书

苏廷页年少时，不被父亲看重，经常与仆人马夫交往相处，但他却好学不倦。每到晚上想要读书，却没有烛火照明，他就在马厩的灶膛中，不停地吹火，借助其中的火光诵读。他当时读书的环境就是这么艰苦。

（四）常林　带经耕锄

常林年少的时候生活孤苦贫穷，纵然如此，倘若不是自己亲手劳作所得他也不会拿，不从别人那里索取东西。他天性爱好学习，汉末时成为诸生，经常携带经书去耕种锄田。他的妻子常常担着饭菜去送给他吃，夫妻俩一直相敬如宾。

（五）李密　牛角挂书

隋朝李密，少年时在隋炀帝的宫廷里当侍卫。他生性灵活，在值班的时候，左顾右盼，被隋炀帝发现了，隋炀帝认为这孩子不大老实，就免了他的差使。李密并不懊丧，回家以后，发奋读书，决心做个有学问的人。有一回，李密骑了一头牛，出门看朋友。在路上，他把《汉书》挂在牛角上，边行边看。此事被传为佳话。

（六）董仲舒　三年不窥园

董仲舒专心攻读，孜孜不倦。他的书房后虽然有一个花园，但他三年没有进园观赏一眼。董仲舒如此专心致志地钻研学问，后来终于成为西汉著名的思想家。

（七）顾炎武　自督读书

"天下兴亡，匹夫有责。"这句家喻户晓的名言，是由明末清初的爱国主义思想家、著名学者顾炎武最先提出的。

顾炎武自幼勤学。他六岁启蒙，十岁开始读史书、文学名著。十一岁那年，他的祖父要求他读完《资治通鉴》，并告诫他说："现在有的人图省事，只浏览一下《纲目》之类的书便以为万事皆了了，我认为这是不足取的。"这番话使顾炎武领悟到，读书做学问是件老老实实的事，必须认真忠实地对待它。顾炎武勤奋治学，采取了"自督读书"的措施：首先，他给自己规定每天必须读完的卷数；其次，他限定自己每天读完后把所读的书抄写一遍，他读完《资治通鉴》后，一部书就变成了两部书；再次，他要求自己每读一本书都要做笔记，写下心得体会，他的一部分读书笔记，后来汇成了著名的《日知录》一书；最后，他在每年春秋两季，都要温习上一季读过的书籍，边默诵，边请人朗读，发现差异，立刻查对。他规定每天这样温课两百页，温习不完，决不休息。

96

（八）王羲之　墨池书圣

东晋大书法家王羲之自幼苦练书法。他每次写完字，都到自家门前的池塘里洗毛笔，时间长了，一池清水变成了一池墨水。后来，人们就把这个池塘称为"墨池"。王羲之通过勤学苦练，终于成为著名的书法家，被人们称为"书圣"。

（九）皇甫谧　浪子回头

皇甫谧是西晋著名的学者和医学家。他小的时候顽劣异常，被村子里的人称为小霸王，一次，他将同窗家的枣树的树皮铲掉，使得枣树枯萎，全村人看到他，都不理他了。他到了二十岁还不好好学习，终日无节制地游荡，有的人以为他是傻子。后来在婶婶的教育下，皇甫谧终于浪子回头，发奋读书，成了一个有用的人。

（十）韩信　胯下之辱

韩信很小的时候就失去了父母，经常受一位靠漂洗丝绵过活的老妇人的周济，屡屡遭到周围人的歧视和冷遇。他也自暴自弃，放纵自己，成天在腰间挂把剑东游西逛。一次，有一个屠夫侮辱他说："你虽然长得又高又大，喜欢带刀佩剑，但你胆子其实小得很。有本事的话，你敢用你的佩剑来刺我吗？如果不敢，就从我的裤裆下钻过去。"韩信看对方人多势众，硬拼肯定吃亏。于是，当着许多围观人的面，从那个屠夫的裤裆下钻了过去。受了"胯下之辱"的韩信，终于觉醒，发愤图强，最后当上了大将军，帮助刘邦攻打项羽，一统天下。

（十一）陆羽　弃佛从文

唐朝著名学者陆羽，从小是个孤儿，被智积禅师抚养长大。陆羽虽身在庙中，却不愿终日诵经念佛，而是喜欢吟读诗书。他执意下山求学，遭到了禅师的反对。禅师为了阻止陆羽下山，同时也为了更好地教育他，便叫他学习冲茶。在钻研茶艺的过程中，陆羽碰到了一位好心的老婆婆，不仅学会了复杂的冲茶技巧，更学会了不少读书和做人的道理。当陆羽最终将一杯热气腾腾的苦丁茶端到禅师面前时，禅师终于答应了他下山读书的要求。后来，陆羽撰写了广为流传的《茶经》，将祖国的茶艺文化发扬光大。

（十二）万斯同　闭门苦读

清朝初期的著名史学家万斯同小的时候也是一个顽皮的孩子。万斯同由于贪玩，在宾客面前丢了面子，遭到了宾客们的批评。他恼怒之下，掀翻了宾客的桌子，被父亲关到了书屋里。万斯同从生气、厌恶读书，到闭门思过，并从《茶经》中受到启发，开始用心读书。转眼一年多过去了，他在书屋中读了很多书，他父亲也原谅了他，而万斯同也明白了父亲的良苦用心。万斯同经过长期的勤学苦读，终于成为一位通晓历史遍览群书的著名学者，并参与了"二十四史"之《明史》的编修工作。

（十三）唐伯虎　潜心学画

唐伯虎是明朝著名的画家和文学家，小的时候就在画画方面显示了超人的才华。唐伯虎拜在大画家沈周门下学画，学习自然更加刻苦勤奋，掌握绘画技艺很快，深受沈周的称赞。不料，沈周的称赞，使一向谦虚的唐伯虎也渐渐产生了自满的情绪。沈周看在眼中，记在心里。一次吃饭，沈周让唐伯虎去开窗户。唐伯虎怎么都推不开窗户，这才发现自己手下的窗户竟是老师沈周的一幅画，他感到非常惭愧，从此潜心学画。

（十四）司马光　警枕励志

司马光是个贪玩贪睡的孩子，为此他没少受先生的责罚和同伴的嘲笑。在先生的谆谆教诲下，他决心改掉贪睡的坏毛病。为了早早起床，他睡觉前喝了满满一肚子水，结果早上非但没有被尿憋醒，还尿了床。见这个方法行不通，聪明的司马光用圆木头做了一个警枕，早上一翻身，头滑落在床板上，人自然就惊醒了。从此他天天早早地起床读书，坚持不懈，终于成了一个学识渊博的大文豪，并编了著名的《资治通鉴》。

（十五）贾逵　隔篱偷学

贾逵，字景伯，东汉人，著名的经学家、天文学家。他是西汉名家贾谊的九世孙。父亲贾徽也是一个大学问家。贾逵深受家庭影响，从小聪慧过人。为了能够读书，贾逵小时候隔着竹篱笆，偷听老师讲课。

（十六）屈原　洞中苦读

屈原小时候不顾长辈的反对，不论刮风下雨，天寒地冻，都躲到山洞里读《诗经》。经过整整三年，他终于把《诗经》读懂读透了，并从这些民歌民谣中汲取了丰富的营养，成为一位伟大诗人。

（十七）陆游　书巢勤学

南宋诗人陆游从小就刻苦勤奋、敏而好学。他的房间里，桌子上摆的是书，柜中装的是书，床上堆的也是书，被称作书巢。他勤于创作，一生留下了九千多首诗，是我国历史上一位杰出的大文学家。

二、齐家——勤俭持家

（一）朱元璋　勤俭持国

朱元璋的故乡凤阳，还流传着"四菜一汤"的歌谣："皇帝请客，四菜一汤。萝卜韭菜，着实甜香；小葱豆腐，意义深长。一清二白，贪官心慌。"朱元璋给马皇后过生日时，只用红萝卜、韭菜，青菜两碗，小葱豆腐汤，宴请众官员。而且约法三章：今后不论谁摆宴席，只许四菜一汤，谁若违反，严惩不贷。

（二）季文子　以民为己

季文子出身于三世为相的家庭，是春秋时期鲁国的贵族、著名的外交家，为官三十多年。他一生俭朴，以节俭为立身的根本，并且要求家人也过俭朴的生活。他穿衣只求朴素整洁，除了朝服以外没有几件像样的衣服，每次外出，所乘坐的车马也极其简单。见他如此节俭，有个叫仲孙它的人就劝季文子说："你身为上卿，德高望重，但听说，你在家里不准妻妾穿丝绸衣服，也不用粮食喂马。你自己也不注重容貌服饰，这样不是显得太寒酸，白白让别国的人笑话？而且，这样做也有损于我们国家的体面，人家会说鲁国的上卿过的是一种什么样的日子啊。您为什么不改变一下这种生活方式呢？这于己于国都有好处，何乐而不为呢？"

季文子听后淡然一笑，对那人严肃地说："我也希望把家里布置得豪华典雅，但是看看我们国家的百姓，还有许多人吃着粗糙得难以下咽的食物，穿着破旧不堪的衣服，还有人正在受冻挨饿；想到这些，我怎能忍心去为自己添置家产呢？"

（三）苏轼　房梁挂钱

唐宋八大家之一的苏轼，二十一岁中进士，前后共做了四十年的官。做官期间，他非常注意节俭，常常精打细算过日子。公元1080年，苏轼被贬黄州，由于薪俸减少了许多，他的日子过得非常艰难，后来在朋友的帮助下，他弄到一块地，便自己耕种起来。为了不乱花一文钱，他还实行计划开支：先把所有的钱计算出来，然后平均分成十二份，每月用一份；每份又平均分成三十小份，每天只用一小份。钱全部分好后，按份挂在房梁上，每天清晨取下一包，作为全天的生活开支。拿到一小份钱后，他还要仔细权衡，能不买的东西坚决不买，只准剩余，不准超支。积攒下来的钱，苏轼把它们存在一个竹筒里，以备意外之需。

（四）赵匡胤　俭朴育子

作为一国之主，皇帝应该说是人间最富有的，金银财宝任其享用。可是宋朝开国皇帝赵匡胤不但生活俭朴，反对奢侈浪费，还严格教导子女生活上也要讲究俭朴。

（五）晏婴　弥久知廉

晏婴即晏子。晏婴出身于齐国贵族世家，长期居于要职，在当时享有很高的声望。他在个人生活方面一向清廉而俭朴，受到后人的高度赞扬。孔子曾说："晏平仲真善于同别人交往！人们同他相处愈久对他就愈加尊敬。"司马迁更是充满感情地说："如果晏子活到现在，我即便为他执鞭驾车，也感到十分幸福！"

（六）吴隐之　卖犬嫁女

东晋高官吴隐之幼年丧父，跟母亲艰难度日，养成了勤俭朴素的习惯。做官后，他依然厌恶奢华，不肯搬进朝廷给他准备的府邸，多年来全家只住在几间茅草房里。后来，他的女儿出嫁，人们想他一定会好好操办，谁知大喜这天，吴家仍然冷冷清清。谢石将军的管家前来贺喜，看到一个仆人牵着一条狗走出来。管家问道："你家小姐今天出嫁，怎么一点筹办的样子都没有？"仆人皱着眉说："别提了，我家主人太节俭了，小姐今天出嫁，主人昨天晚上才吩咐准备。我原以为这回主人该破费一下了，谁知主人竟叫我今天早晨到集市上去把这条狗卖掉，用卖狗的钱再去置办东西。你说，一条狗能卖多少钱，我看平民百姓嫁女儿也比我家主人气派啊！"管家感叹道："人人都说吴大人是少有的清官，看来真是名不虚传。"

（七）隋文帝　节俭治国

隋文帝杨坚在历史上，是一个比较善于处理国政的皇帝。他登基时，正值荒年，再加上南北朝末期那些小朝廷的统治者穷奢极欲，横征暴敛，以致民怨沸腾，人心不稳，国库空虚。

有一次，隋文帝来到汉中的一个村庄，看到农民吃豆腐渣和杂糠混做的饭，他难受地说："这都是我的错啊！我没有把国家治理好，才害得老百姓吃这种饭啊！"他巡察回到长安后，要求各级官员和全国人民从吃食到着装都务必节俭。令下之后，他以身作则，并给自己规定：①今后吃饭不大摆宴席；②不带酒带肉；③穿普通布服。此后，有一年多的时间，隋文帝没有吃肉喝酒。由于隋文帝以身示范，做出了表率，在很长时间里，全国的男子都不穿绫绮，无金玉之饰，常服率多布帛，装带不过铜铁骨角而已。于是，隋朝很快改变了国内的贫困状况，度过了灾荒之年，变得国富民强了。仅以东都的布帛库和洛口的粮仓为例，其国库储蓄之多，直到几十年后的唐朝高宗时还未用尽。

（八）戚景通　循循教诲，防微杜渐

戚景通是明代抗倭英雄戚继光的父亲，他对儿子的家教十分严格。戚继光十二岁那年，有一次，几个工匠来戚家修理房屋。戚景通支使他们安设四扇雕花门户。工匠们感到迷惑不解，纷纷议论说："像这样的将门世家，可以安设十二扇雕花门户啊！"工匠们的议论，被戚继光听到了，他立即去找父亲，提出要增设八扇雕花门户。戚景通没想到儿子小小年纪，就讲究起虚荣和排场来，便声色俱厉地说："你要从小养成勤俭的品德，否则，连这四扇雕花门户也是保不住的。"戚继光默默地点了点头。可时隔不久，他又挨了父亲一顿训斥。事情是这样的。有一天，戚继光穿着一双很考究的丝织鞋子走过厅前，被戚景通看见了。戚景通十分恼火，当即将儿子叫住，怒气冲冲地斥责道："你一个小孩子家就穿这样讲究的鞋子，长大后，就会去追求绫罗绸缎。要是当了军官，说不定还会侵吞士兵的粮饷。后果不堪设想啊！"戚继光听了父亲的教诲，立刻弯腰脱掉丝鞋，换上了布鞋。从此，他再也不追求奢侈了，即便担任了大将军，也仍过着俭朴的生活。

（九）窦燕山　教子有方

《三字经》说："窦燕山，有义方。教五子，名俱扬。"这是对窦燕山教育子女经验的总结。窦燕山，原名窦禹钧，五代后晋时期人，他的老家在蓟州渔阳，也就是今天天津的蓟县。过去，渔阳属古代的燕国，地处燕山一带，因此，后人称窦禹钧为窦燕山。

窦燕山出身于富裕的家庭，他家是当地有名的富户。据说，窦燕山年轻的时候不学好，以势压贫。有贫苦人家向他家借粮食时，他是小斗出、大斗进，小秤出、大秤进，明瞒暗骗，昧心行事。他做事缺德，到了三十岁，还没有子女。窦燕山也为此着急。一天晚上做梦，他死去的父亲对他说："你心术不好，心德不端，恶名昭彰，如不痛改前非，重新做人，不仅一辈子没有儿子，还会短命。你要赶快改过从善，大积阴德，只有这样，才能挽回天意，改过呈祥。"

从此，窦燕山暗下决心，痛改前非，缺德的事再也不做了。一天，他在客店中捡到一袋银子。为找到失主，他在客店里等了整整一天。失主回到客店寻找，他原封不动地将一袋银子归还给失主。窦燕山还在家里办起了私塾，请名师教课。有的人家没有钱送孩子到私塾读书，他就主动把孩子接来，免收学费。总之，自那以后，窦燕山就像是换了一个人似的，周济贫寒，克己利人，广行方便，大积阴德，受到人们的广泛称赞。

当时有一位叫冯道的侍郎曾赋诗一首说："燕山窦十郎，教子有义方。灵椿一株老，丹桂五枝芳。"这里所说的"丹桂五枝芳"，就是对窦燕山"五子登科"的评价和颂扬。

（十）郑板桥　爱子之道

公元1749年，郑板桥在潍县当知县，他给兴化县家里主管家计的堂弟郑墨写了封家书，嘱托郑墨好好教育刚入塾就师的六岁儿子。在信上他抄录了前人的四首顺口好读的五言绝句，并嘱咐家人："令吾儿且读且唱，月下坐门槛上，唱与二太太、两母亲、叔叔、婶娘听，便好骗果子吃也。"

那四首诗都是反映封建社会对农民的惨重压榨和农民的苦难生活的。他在家信中说："夫读书中举中进士做官，此是小事，第一要明理做个好人。可将此书（信）读与郭嫂、饶馊听，使二妇人知爱子之道在此不在彼也"。他极力反对有些读书人"一捧书本，便想中举、中进士、做官，如何攫取金钱、造大房屋、置多田产。起手便错走了路头，后来越做越坏，总没个好结果"。这对于我们今天加强对学生和青少年的思想政治教育，帮助其克服只重视考分忽视德育的倾向，是有裨益的。爱子，特别是爱独生子，是人之常情，但爱需要正确的方法、手段。正如郑板桥在信中说的："余五十二岁始得一子，岂有不爱之理! 然爱之必以其道。""以其道"是真爱，不以其道是假爱。今天一切爱子者和一切爱高才生的师长，也当从郑氏"爱之必以其道"中汲取教益。如果忽视德育，说不定还会造就出"不肖子孙"来。

（十一）张英 六尺相邻

清代中期，有个"六尺巷"的故事。据说当朝宰相张英与一个姓叶的待郎都是安徽桐城人。两家毗邻而居，都要起房造屋，为争地皮，发生了争执。张老夫人便修书京城，要张英出面干预。这位宰相到底见识不凡，看罢来信，立即作诗劝导老夫人："千里家书只为墙，让他三尺又何妨? 万里长城今犹在，不见当年秦始皇。"张母见书明理，立即把墙主动退后三尺; 叶家见此情景，深感惭愧，也马上把墙让后三尺。这样，张叶两家的院墙之间，就形成了六尺宽的巷道，成了有名的"六尺巷"。

"六尺巷"的故事告诉我们，礼让、睦邻，是中华民族的传统美德。古代开明之士尚能如此，今天同事之间、邻里之间处理小事争执，应该比从前做得更好。事情就是这样：争一争，行不通; 让一让，六尺巷。

三、居官——勤政廉洁

（一）羊续 羊续悬鱼

羊续憎恶当时官僚权贵的贪污腐败，奢侈铺张。他为人谦和，生活朴素，平时穿着破旧的衣服，盖的是有补丁的被子，乘坐的是一辆破旧马车。餐具是粗陋的瓦器，吃的是粗茶淡饭。

府丞焦俭是他的下级，为人也很正派，与羊续关系很好。他看自己的上级生活太清苦了，听说羊续喜欢吃生鱼，就买了一条鱼送给羊续。焦俭怕羊续拒收，就笑着说："大人到南阳时间不长，可能不知这就是此地有名的'三月望饷鲤鱼'，平时您把我当作兄弟，所以这条鱼只是小弟对兄长的一点敬意。您知道的，我绝非阿谀逢迎之辈，因此务请笑纳! "羊续见焦俭这么说，觉得不收下倒是见外了，于是笑着说："既然如此，恭敬不如从命。"

等焦俭走后，羊续便把这条鱼挂在室外，再也不去碰它。第二年三月，焦俭又买了一条鲤鱼，心想一年送一条总可以吧。他知道买多了，羊续不会要。到羊续府上，焦俭刚说明来意，羊续便指着那条枯干了的"三月望饷鲤鱼"说："你去年送的还在这里呢！"焦俭愣住了，摇摇头叹口气，带着活鱼走了。

（二）包拯　诚廉家训

包拯为官清廉公正是妇孺皆知的，老百姓称他为"包青天"。

包拯一生，身居高位，廉洁无私，痛恨贪官污吏，到了晚年，担心后人中会出不肖之徒，于是就在家中立了一块石碑，上面镌刻着著名的《诚廉家训》，以警戒后人。其意大致是：凡是包氏后代子孙中有贪污受贿者，不能被称为包氏后代，甚至死后，也不能葬入其家族的墓地中。不遵从此训令者，一概不是包公子孙。

（三）司城子罕　以廉为宝

司城子罕清正廉洁，受人爱戴。有人得到一块宝玉，请人鉴定后拿去献给子罕，子罕拒不接受，说："您以宝石为宝，而我以不贪为宝。如果我接受了您的玉，那我们俩就都失去了自己的宝物。倒不如我们各有其宝呢！"

（四）杨震　暮夜拒金

杨震是个颇得称赞的清官。他做过荆州刺史，后调任东莱太守。杨震在赴任途中经过昌邑时，昌邑县令王密来拜访他，并怀金十斤相赠。杨震说："故人知君，君不知故人，何也？"王密没听明白杨震的责备之意，说："天黑，无人知晓。"杨震说："天知，神知，你知，我知，何谓无知？"王密这才明白过来，大感惭愧，怏怏而去。

（五）刘宠　一钱太守

刘宠任会稽太守，改革弊政，废除苛捐杂税，为官十分清廉。后来他被朝廷调任为大匠之职，临走，当地百姓主动凑钱来送给即将离开的刘宠，刘宠不受。后来实在盛情难却，他就从中拿了一枚铜钱象征性地收下。他因此被称为"一钱太守"。

（六）陶侃　陶母退鱼

晋代名臣陶侃年轻时曾任浔阳县吏。一次，他派人给母亲送了一罐腌制好的鱼。他母亲湛氏收到后，又原封不动退回给他，并写信给他说："你身为县吏，用公家的物品送给我，不但对我没任何好处，反而增添了我的担忧。"这件事使陶侃受到很深的教育。

（七）吴隐之　不惧饮贪泉

吴隐之任广州太守，在广州城外见一池泉水名"贪泉"。当地传说饮了贪泉之水，便会贪婪成性。他不信这些，照饮不误，饮后还写了一首诗："古人云此水，一歃怀千金。试使夷齐饮，终当不易心。"他在任期间，果然廉洁自律，坚持了自己的操守。

（八）张浚　一贫如此

南宋大臣张浚因与奸相秦桧政见不和，被贬往湖南零陵做地方官。他出发时，带了几箱书随行，有人诬告他与乱党有关系，结果被高宗派员检查书信和破旧衣物。高宗叹息道："想不到张浚如此安贫守道！"高宗可怜他，于是派人骑快马追上张浚，赏赐他黄金三百两。

（九）于谦　两袖清风

名臣于谦居官清廉。一次，朝廷派他巡察河南。返京时，人们买了当地的绢帕、蘑菇、线香等土特产送他，他没有接受。同时还写了一首诗表明心迹："绢帕蘑菇与线香，本资民用反为殃。清风两袖朝天去，免得闾阎（指百姓）话短长。""千锤万击出深山，烈火焚烧若等闲。粉身碎骨浑不怕，要留清白在人间。"这也是于谦写的诗，诗中体现的是刚烈之气。

（十）杨继宗　不私一钱

明朝时，嘉兴知府杨继宗清廉自守，深得民心。一次，一名太监经过，向他索要钱财。他打开府库，说："钱都在这儿，随你来拿，不过你要给我领取库金的官府印券。"太监悻悻地走了，回京后，在明英宗面前中伤他。嘉兴问道："你说的莫非是不私一钱的太守杨继宗？"太监听后，再也不敢说杨继宗的坏话了。

（十一）　王杰　不畏权贵

清乾隆进士王杰为人刚直敢言，不附权贵。当时和珅在朝中专权，大臣都不敢得罪他。唯王杰每每与其据理力争。有一次，议政完毕，和珅有意戏弄王杰，拉着他的手说："好白嫩的手啊！"王杰正颜厉色地回答道："王杰手虽好，但不能要钱耳！"和珅羞愧而去。

（十二）西门豹 破除迷信

西门豹，战国时期魏国人。当时邺地是魏都的重要门户，且是战略要地，但天灾人祸不断，民不聊生。魏王特派西门豹担任邺县令，治理邺地。西门豹到邺地后，微服私访，以了解百姓疾苦，利用"河伯娶媳妇"事件，智惩三老、廷掾和巫婆，用事实教育百姓，破除迷信。同时，他主张修建漳河十二渠，治理漳河水患，发展农业生产，使邺地百姓逐步富庶起来。西门豹为官一生，清正廉明，造福百姓。他死后，邺地百姓专门为他在漳水边建造了祠堂，四季供奉。

（十三）孙叔敖 三信条

孙叔敖是春秋时期楚国贤相，清廉为民，堪称楷模。他在职的十多年间，励精图治，廉洁奉公，政绩卓著，百姓安居乐业。为什么身居宰相高位的他能如此受人爱戴，成为历代官人学习的榜样？原因就在于他终身恪守三信条："位益高而意益下，官益大而心益小，禄益厚而慎不取。"也就是地位越高，就越要谦逊待人；官职越大，就越要小心谨慎；俸禄越高，就越要廉洁奉公。

相传孙叔敖刚任宰相时，文武百官、亲朋好友和老百姓都纷纷前去祝贺他高升。待大家都离去之后，有一位老者求见。孙叔敖出门迎接，只见此人白衣白帽，非同一般。孙叔敖见此老人绝非寻常之辈，连忙向其请教："楚王不嫌我无才无德，命我为尹，授予重任。众人争先恐后来祝贺，唯独你最后一个来，还穿一身白衣，莫非老人家有什么请教不成？"孙叔敖再三作揖，请老人指教。半天后老人才开口说话："老朽前来，有三点忠告，算送给你的贺礼：地位越高，就越要谦逊待人；官职越大，就越要小心谨慎；俸禄越高，就越要廉洁奉公。要时时不忘这三条，就不愁把楚国治理好了。"说完，飘然而去。虽然这只是一个传说，但孙叔敖在位多年，确确实实一直坚守这三条信条。他生活上一直十分俭朴，自己常年穿一件老羊皮袄，出门坐拉货用的栈车，骑的是骒马，一生窘迫，没有留给妻子儿女什么财产。他的勤政廉洁深深影响了妻子儿女，一家人都谦逊谨慎，不求名利，妻子从未穿过绸缎，儿子孙安婉拒楚王所封城池，生活极其俭朴。孙叔敖一生不图个人利益，为官吏们树立了一个严谨修身、克己奉公的好榜样，他也成为万人称赞的贤相。

（十四）范景文 二不尚书

明朝范景文，万历进士，历任文选郎中、工部尚书兼东阁大学士等要职，当时许多亲朋好友常登门相求，均被范景文一一谢绝。他并在门上贴出"不受嘱，不受馈"六个大字的告示，以明心迹，于是，获得"二不尚书"的美称。

（十五）曾国藩 一生不爱钱

青年时代的曾国藩立志安邦定国，做"国之藩篱"，便将原名子城改为"国藩"。他修身立德，把"内圣外王"作为自己的人生追求，字伯涵，号"涤生"。按照曾国藩自己的解释，"涤"就是"涤其旧污之染"，"生"即"从前种种譬如昨日死，从后种种譬如今日生"。他给自己定下了"不为圣贤，便为禽兽；不问收获，只问耕耘"的座右铭，立志于"澄清天下"，救国救民。曾国藩作为清朝的一名忠臣耿将，力挽狂澜于既倒，成为大清的一根柱石。他能官居一品，穿黄袍马褂，正是因为他的廉洁奉公。

曾国藩一生留给后人的宝贵财富很多，他的勤劳、俭朴、为民、忠孝、识才、戒傲、谦逊、禁贪和清廉等观念，充分体现了他丰富的廉政思想，构成了他独特的廉政文化。曾国藩的廉政思想是曾氏家族家风与当时社会实际、书本知识和自身实践相结合的产物。

（十六）苏东坡 丹心要学月月红

苏东坡是我国北宋时期的一位著名诗人。他在担任徐州知府时，以为官清廉、刚正不阿、不畏权势、执法严明著称，受到徐州百姓的称道和传颂。至今徐州城乡还流传着他不少的佳话。

苏东坡五十岁的时候，家人要为他办生日宴，他一再制止，并嘱咐家人不准宣扬。谁料，寿辰这一天，来了一个送礼人，双手抱着一盆盛开的月季花，家人便问："请问尊姓大名，有何事？"来者说："我叫赵钱孙李，来祝寿的。"家人听罢，奇怪地道："哪有这样的名字呢？"来者说："我本姓赵，右邻姓钱，左邻姓孙，对门姓李，知府大人今年五十大寿，大家推荐我送一盆月月红，给知府大人做寿礼。"家人听后，知是百姓心意，本想收下，但大人从不收礼，只好叫来者说出理由，那人思忖片刻，道出："花开花落无间断，春去春来不相关。但愿大人常康健，勤为百姓除赃官。"家人把诗写在纸上，叫仆人把诗送给苏东坡看，让他来处理此事。不一会苏东坡出来，亲自收下那盆月季花，笑着咏诗道："赵钱孙李张王陈，好花一盆黎民情。一日三餐抚心问，丹心要学月月红。"

后苏东坡虽赋闲回家，但他一生清正廉明、惩贪除恶的好名声却在民间永远流传。

第五章

宁波老话中的俭与奢

宁波话源远流长，春秋战国时，地处越地的今鄞州区、慈溪、镇海区、奉化区、象山一带的人民，就以越语相通，经过漫长的历史进程，形成了今天魅力迷人的宁波话，久盛不衰。

宁波话属于吴方言区临海小区宁波片的方言，语言使用核心地区大概5000平方千米，包括宁波市区、鄞州区、奉化区、镇海区、北仑区和慈溪的东部。但是，宁波人通过上海而到达全国各大城市谋生，如果包括他们的后裔，其人数将超过本土，他们的语言影响力也大大超过本土，从某种意义上说，在外埠人们的印象中，宁波话正是浙江话的代表之一。

本章收录的是宁波方言中体现俭与奢内涵的词语、方言成语、谚语、上下句、歌谣等，形象幽默，十分生动。

一、词语话勤奋

词语是宁波当地土话的传承，是宁波人独创的。有俗的，像"吃宕饭"；有雅的，如"做人家"，成为宁波老话的一大来源或构成，很难从全国权威性的文献上查到出处。探究渊源，这些土话都是宁波人在长期的生产生活过程中慢慢形成并流行开来的。当然这是区域性流行，宁波人听得懂，外地人就不知道了。这部分词汇，可以说是宁波人在语言方面的智慧性创造，代表了某种乡土文化的活力与魅力。

宕哼：喻为游手好闲，不务正业的人。

宕头：喻指闲荡的功夫。

馋痨：指嘴馋。

财百万：指富人。

生意人：指商人。

段塘：是宁波海曙区的一个地名。但在宁波老话里，它有另外一个意思。"段塘"既可以是一个代名词，指衣冠不整、言谈失常的人；也可以是一个形容词，形容分寸失当的言行。被人称为"段塘"的人，在外观上衣服穿得不整齐，把自己弄得邋邋遢遢的，缺乏基本的仪容仪表常识；说话声音很大，不着边际；或者说话不知道场合。《鄞县通志·方言》有这样记载："甬称妇女不知修饰礼数而言语烦琐无节度者曰段塘阿姆，亦曰段塘。"

吃宕饭：游手好闲的人。宕，吊着的物体晃来晃去的样子，引申为晃荡、游荡；吃饭，即工作、行业。例："这人旧社会里吃宕饭。"

对注注：意为个对个。注，啜吸老酒的动作，注与挂谐音，挂，顶力。本意对饮，引申为一人顶一人。例："你们对注注讲呒介开心啦。"又作"两人一起"，例："这样事体我和你对注注做好算了。"

发横财：获得不义之财。横，不正经，不正常。例："发了一笔横财。"

发洋财：意外收获。洋，外国。本义发了一笔外国财。例："我又不是发洋财，哪来钞票送人。"

做人家：意指节约。本义为做人、做家，即修身，齐家，与治国、平天下同为儒家修养，引申为认真、细算、前思后虑的节俭。例："只买一碗汤过过饭，咋介做人家啦。"

快活人：喻指不用干活，游手好闲的人。

收罪过：把不忍心丢弃食物及生活用品拿去吃光或使用。

老酒饱：酒鬼。老酒，米酒，又称"绍兴老酒"。饱，以酒作饭。例："我家老头是个老酒饱。"

三脚猫：意指什么事情都会一点又都不精通的人。

佯扫地：意指敷衍了事地打扫，磨洋工，引申为装模作样。例："这样事体其佯扫地介一歇工夫就做好了。"

敲瓦爿：意指若干人凑钱聚餐。

懒沓沓：有些懒惰。沓，拖沓。例："这个在眼懒沓沓，我要催呖紧眼。"

沙蟹命：意指劳碌命。沙蟹，海涂里的一种小螃蟹，民间称之为"吃吃壮，爬爬瘦"；命，命运。例："一生劳碌沙蟹命。"

饭吃煞：工作性质决定只能这样。吃饭，意为为谋生而从事的工作；煞，死，不可推卸。例："节头节面也要加班，只是服务行业饭吃煞哵。"

候肚皮：意指尽量吃。候，根据；肚皮，肚子的容纳量。例："你不必客气，候肚皮吃好了。"

扳价钿：意指讨价还价。扳，拉，卖方坚持高价或买方拉低价位都可叫"扳"；价钿，价格。例："我先回来了，老张还在那里扳价钿。"

有贪头：有图私利的因素。贪，贪私利；头，后缀词。例："莫看其介积极，里头有贪头来的（在）。"

小乐惠：舒适自得。小，小康；乐，快乐；惠，实惠。例："这一单位名气勿大，地方倒是小乐惠。"

吃小苦：受苦。小，本义小巧精致，引申为慢慢地感受。例："从小不好好学习，到现在要用时就吃小苦了。"

吃生话：中圈套，吃到苦头。生话，泛指别人设下的圈套。例："每次太大意，这回吃生活了。"

赶夜水：夜间车田水。赶水，用牛力车水。例："这两日赶夜水，交关（非常）着力（累）。"

讲白驮：外来词，指空口白话拿好处的人。驮，拿，搬运。谚语："先生讲白驮。"例："你这个人只会做做讲白驮。"

白肚材：吃白食。（贬义）材，吃；白，不花钱。例："勿做事体白肚材。"

思食痨：馋鬼。痨，泛指病。例："你没生思食痨也？"

落沙货：趁机私下克扣钱物。落，暗中克扣；沙，滑下去，引申为悄悄落进腰包；货，钱物。例："一眼（些）找头（剩余的另头钱）拨其落沙货哵。"

呒淘剩：没剩多少有用的。淘，淘汰；剩，剩余。例："柚子介厚一层皮剥掉，里头果肉呒淘剩了。"引申为"费料"，例："用这弯木做档子，只好取眼（点）中心料，交关呒淘剩。"

吃赔账：赔偿因工作疏忽造成的经济损失。例："账对来对去对勿拢，恐怕要吃赔账了。"

二五八六：意指喝酒过度，醉醺醺。

铁丝克罗：比喻因手头紧或吝啬而不肯花钱的人。

要钿木老：意指把钱看得很重的人，守财奴。

男酒女茶，男借妇顺：男人相邀用酒，女人相敬用茶；座次男左女右。借，引申为让，让而不顺手，再引申为左；顺，顺手，引申为右。

二、成语说节俭

狗筋懒断：也叫"狗筋懒出"，形容很懒。狗筋，对懒人筋骨的贬称，筋，韧带。懒断，意为长期不动，以致筋骨自然废断。

几手不动：懒汉。什么事都不肯做。几，一几，一下；动，劳动。

浪吃浪用：生活奢侈，不节俭。浪，浪费；吃、用，指日常生活。

汗血铜钿：辛苦钱，血汗钱。汗血，留血流汗；铜钿，钞票，钱。

饭篮吊起：断粮，断顿。饭篮，冷饭篮，放冷饭的竹丝篮。

手勤脚健：勤快健壮。

脚勿撩地：不停脚。勿撩地，没有接触地面，比喻飞快。

空地芝麻：闲人。空地，暗喻其空闲；芝麻，喻其小而不起眼。例："大学勿考进，每日空地芝麻介囮（住）咚，这咋结煞呢？"

可蛇阿三：叫花子，一文不名又不务正业的人。本义为捕蛇人。可，捕捉；蛇，暗喻光滑，没家财。阿三，瘪三，多余人。例："这人咋会可蛇阿三介，索（难道）介落伏（不走运）的啦。"

宕脚差鱼：指没有负担的快活人。宕脚，一边钓鱼一边用脚悠闲地在水中划动，一种钓鱼的方法；差鱼，一种小条鱼，水中常见的鱼。又称"有佬儿子甩差鱼"。例："你是钓宕脚差鱼介做人笃定嗬。"

新发财主：骤富的人。新发，新近发达、富裕起来。例："莫听其喉咙介胖，总结（不过）是个新发财主，没多少实力。"

败落乡绅：经济拮据又要硬摆谱、死讲究。败落，家道衰落；乡绅，本义为乡间士绅，比喻装出一副出身富贵的样子。例："你作啥要败落乡绅介装咚？咋介死要面子啦。"

勤吃懒做：指好吃懒做。例："一世勤吃懒做，还会留落啥家基？"

脱套换套：指衣服多。本义为脱去一套换上一套。例："阿拉单位两个大姑娘真要好看呖，衣裳脱套换套。"

时时道道：指时髦。时道，当时以为正宗的，当前流行的。例："今日穿得时时道道，做人客（做客）去啊？"

随羹粥饭：指生活随意节俭。随，随便，随啥吃啥。例："你坐落咚呖就莫客气，总只（只有）随羹粥饭吃眼（些）。"

贪嘴落夜：指贪吃误事。贪嘴，贪图嘴巴快活；落夜，入夜，天黑回不了家，比喻办不成事。例："这回是贪嘴落夜了。"

馋痨蛙麻：指嘴馋的人。

日头晒肚皮：比喻起床太晚。日头，太阳；晒肚皮，晒到肚子上。例："一觉困到日头晒肚皮。"

三、谚语诲俭德

谚语是广泛流传于民间的言简意赅的短语，多数反映了劳动人民的生活实践经验，而且一般都是口耳相传。它多是口语形式的通俗易懂的短句或韵语，一般都表达一个完整的意思，形式上差不多是一两个短句。宁波老话中的谚语，是宁波人生活中常用的现成的话，口语性强，活泼风趣，反映深刻的道理。

田荒穷一年，山荒穷一世：意为树木生长期长，犹要勤栽种，不可荒山。田荒，荒田，田里不种庄稼；穷一年，一年无收成；山荒，荒山，山上不长树木；穷一世，夸张说法，一生无收成。

人勿欺地皮，地勿欺肚皮：意为人勤田丰。欺，辜负，欺侮；地皮，土地；肚皮，肚子。意为精耕细作不负土地，必得丰衣足食。

一年土地勿脱空，拔出萝卜就种葱：意为农事繁忙，土地要充分利用。勿脱空，不闲置；脱，脱落；空，空闲；萝卜、葱，为押韵脚，泛指作物。

勿用看我家，只要看我山上花：意为山民富不富有，只要看山上的经济作物。我，山民的第一人称；家，家景；山上花，山上所栽，如茶叶、树木、水果，俗称"山花"。

家种千株树，一世勿穷苦：意为有树之家不会穷。

多做力来，多歇病来：意为勤能长力，懒要致病。多做，多干活；力，力气；来，意为生长出来；歇，休息。

山怕无树地怕荒，人怕懒惰花怕霜：意为懒惰的人无药可救、一事无成，比喻句。怕，只怕，只担心。

吃饭耸山挖土，做生活声声叫苦：耸山，陡坡；耸山挖土，比喻轻松方便，驾轻就熟；做生活，干活。

好吃还是家常饭，好穿还是粗布衣：好吃，有滋味；家常饭，非应酬宴客的家庭日常饭菜；好穿，穿得舒服；粗布衣，土织布、粗纺布，非机器精制布。

笑脏笑破不笑补，笑馋笑懒不笑苦：补，补过的衣服；苦，生活艰辛。上半句讲人的衣着外貌，下半句讲为人处世。

新阿大，旧阿二，破阿三，烂阿四：旧时家庭多子女，由于经济窘迫和节俭，哥哥穿剩下的衣服弟弟继续穿，形成了从新穿到烂的过程。

蔬菜三分粮，咸齑当长羹：三分，十分之三；咸齑，腌制的雪里蕻，最基本的农家菜；羹，小菜；长羹，常年基本菜。反映旧时贫困之家的饮食。

鱼生火，肉生痰，青菜萝卜保平安：意为素淡食物反而有利健康。鱼生火，吃过量鱼和肉会加大人体内的火气；火，火气，中医指能引起发炎、红肿、燥热等症状的原因；青菜萝卜，泛指一般素菜。

日里席机头，夜里活猢头：比喻织席妇女编席纺麻日夜劳作。日里，白天；席机，织草席的棚架；席机头，席机边上；活猢头，指纺麻车，即纺席筋车，因制作简陋纺起来会晃动而像猴头；活猢，猢狲，猴子。

家有千金，勿如薄艺在身：意为人有手艺值千金。千金，很多的钱；薄艺，小技艺。

春天生意实难做，一头行李一头货：指晴雨无常的春天里行商艰难。一头，指扁担所挑的两头中的一边；行李，指晴雨冷暖变化无常而要多带衣物雨具。

脚娘肚里当米缸：意为靠劳力谋生。脚娘肚，小腿肚子，用力之处；当米缸，比喻以此换米糊口。

扁担两头甩，勿挑要饿饭：意为旧时脚夫全凭挑一天担换一天的生活费。两头甩，向两边弯下来；勿挑，不去挑脚；饿饭，指无米下锅。

夫勤吭荒地，妇勤吭破衣：意为夫妻勤劳丰衣足食。夫，丈夫；吭荒地，土地不荒芜，意为有收获；妇，妻子；吭破衣，意为织成足够的布来做衣。

勤是财外财，用掉还会来：意为勤劳是不竭的财源。勤，勤劳；财外财，意为看不见、意识不到的财富。后半句意为勤能不断生财。用掉，指花力气换来的钱；还会来，指财富又会产生。

会赚勿如会积：意为财富的积蓄比赢利本身还重要和有效。赚，获得利润，赢得利润；积，积蓄。

要得人家比种田，勿得人家比过年：意为要比勤劳，不比奢侈。得，和，与；人家，别人；种田，泛指勤劳耕作；过年，多奢侈排场，泛指排场 。

三早抵一工，月亮当灯笼：意为起早摸黑，勤劳耕作。三早，三个早上；抵一工，抵上一个工日；后半句指摸黑劳作。

苦成萝卜头，吃穿勿用愁：意为只有辛苦劳动，才能丰衣足食。苦，辛苦；萝卜头，去缨子的萝卜干瘪无生气，比喻辛苦人的样子；勿用愁，不必担忧。

手脚慢泛，起早落晏：意为以勤补拙。慢泛，动作缓慢；起早，早起干活；落晏，落夜，干活到天黑。

快手势，勿值慢两爹：意为两人同心干，胜过一高手。手势，出手；快手势，快手，高手；勿值，值不上，比不了；慢，指手势慢，出手慢；两爹，父子俩。

家有千金，勿值日进分文：意为积财再多也有限，细水长流财无限。家有，指祖上积留；千金，喻钱多；勿值，比不上，值不了；日进分文，每天有分文赚进；分文，比喻小笔收入。

宁可买勿及，勿可买吃食：意为有钱买用不买吃。买勿及，买不合算的用品，意为用品再不合算总不会一下消耗光；吃食，闲食，零食，意为零食一下就吃光不划算。

吃勿穷，穿勿穷，算计勿好一世穷：意为贫穷常由不会理财导致。算计，打算，安排；一世，一生。

冬勿节省春要愁，夏勿勤力秋无收：意为冬天节约以度春日；夏天耕耘才有秋收。冬，冬天，只有消耗没有收入的季节；节省，节约；春要愁，指陈粮（黄）吃光，新粮（青）未收，青黄不接要发愁；勤力，勤快；收，收获，收成。

后山黄泥要吃崩：意为坐吃山空，即使后山的黄泥能吃也有吃光的一天。崩，指挖掘过度而崩塌。

少年勿做家，老呖当狗爬：意会少小不懂节约，到老穷得一文不名。做家，又称"做人家"，节约；老呖，老了，到老的时候；当狗爬，比喻爬地行乞。

过口要算盐，家基要算田：计算家财首先要看土地有多少，意为只有能再产出的才是真正的财富，比兴句。过口，小菜；要算，要把某样东西计算在内；家基，家产，一家的财富；田，水田，意为能不断产出，增加财富。

大懒差小懒，小懒差石板：意为懒惰人老支使别人干，结果一事无成。差，支使，指派，派遣；差石板，意为没人可指派，只能指派给不会动的石板，作为一句托词，指不愿自己去完成。

多做力来，多歇病来：意为勤能长力，懒要致病。多做，多干活；力，力气；来，意为生长出来；歇，休息。

请吃酒，亚拜生：亚，强行给予。拜生，祝寿，拜寿。一般吃酒皆为人情所致，有请有来，只有拜生因寿星多高龄而经历艰辛，常不愿为自己靡费排场而坚辞，故儿辈要"亚"着拜生。

懒牛屎尿多，懒汉明朝多：意为懒汉的借口是"明天再做"，比兴句。明朝，明天。

快活朴尸，饿煞肚子：比喻懒汉最终也受苦。快活，清闲，空闲，适意；朴，发朴，水泡或变质而发胖；朴尸，尸体，比喻身子，贬义；饿煞，饿死；肚子，指胃。

早困晏爬起，败光爹娘老家基：意为不会早起摸黑地辛苦劳作的人不会有大收获。困，睡觉，睡眠；晏，迟；爬起，起床；爹娘老家基，由爹娘传下来的祖传家产。败光，指吃光用光，意为赚不到就只能吃家产。

日里走四方，夜里补裤裆：比喻旧时小贩辛苦生活。

越困越懒，越吃越馋：困，住，引申为休息、赋闲。

扫地扫一地中央，汰面汰一鼻头梁：比喻懒人应付事务。地中央，地面的中间部分，央音"娘"；汰面，洗脸；鼻头梁，指脑门鼻梁附近一块。

金窠银窠，不如自家草窠：意为"金乡银乡，不如自己贫困的家乡"。窠，本义为动物生息的窝，比喻为人类的家，这里泛喻家乡。自家，自己。

走遍天下，勿如宁波江厦：意为"走遍天下的各个码头（通商城市），都不如宁波的江厦码头"。江厦，宁波的江厦街滨江的码头区，旧时为宁波最繁华之地，这里以江厦泛指宁波。

无绍不成衙，无宁不成市：意为"没有绍兴师爷成不了衙门，没有宁波商人成不了市面"。绍，绍兴，旧时多出幕僚，俗称"绍兴师爷"；衙，衙门，官府；宁，宁波，早时多出商人，形成海内外著名的宁波商帮；市，市面，也有城市的意义。

十天三市黄古林，花席双草白麻筋：黄古林，今宁波古林镇，旧称黄公林，传为商山四皓之一夏黄公隐居处，有庙。古林为宁波特产草席的主要产地，早时其地有广德湖，多生蔺草，可编席，唐代已有成批出产。其地逢农历三、七、十有集市，同时也是草市和席市。花席，幅面不大，以草为经线，一草到底，一正一反穿编，因草头青尾白，正反交织后有自然花纹；双草，大幅席，两草正反合一经，其席两边白中间青；白麻筋，草席多以黄麻筋做纬线编织，精品以麻筋做纬线，此麻纺成筋线比黄麻细，且色白，编成席也平滑。

念佛念一世，勿如过桥石板铺一记：过桥石板，跨越水沟以连通道路的石板；一记，一块。民间注重实功德，有修桥铺路做好事为求来生（修下世）的说法。

上山还是落山难，上台还是落台难：落台，下台，闭幕。前半句比兴；落台难，既泛指演员的台外苦功夫，又暗喻剧团经营的不易。

千日胡琴百日箫，锣鼓钹子日日敲：钹子，铙钹，方言称"戤"。意为器乐练功相当艰难。

凤箫两头空，会响一半功：凤箫，洞箫，凤凰箫，源出鸣箫引凤；一半功，意为练箫不易，能吹响已经有了一半的功力。

木勿凿勿通，人勿学勿懂：意为人要明理就要学习，比兴句。木，木料，木材；通，凿通，比喻开窍；学，学习知识；懂，懂业、明理、解惑。

磨刀勿误砍柴工：比喻花在学习上的时间会在使用时赢回来。磨刀，为将柴砍得更快些而事先磨刀；误，耽误；工，工效、工夫。

活到老，学到老，还有三样没学到：意为学无止境。三样，多样，比喻学不完。

秀才不怕衣衫破，只怕肚里呒没货：意为有知识就能改变处境。秀才，读书人；不怕，不在乎；衣衫破，比喻贫穷；肚里，实为头脑里；呒没，没有；肚里呒没货，指没有真知识、真本领。

读得书多黄金秋，勿耕勿种自然收：意为有知识就会有收获。黄金秋，丰收的秋季；自然收，自然地（即未经耕种的野地）也有收获。

补漏趁天晴，读书趁年轻：意为年轻时正是学习的好时光，比兴句。补漏，修补漏水的房子；趁年轻，利用年轻的时光。

少年读书，石板刻字；中年读书，粉笔写字；老年读书，河里划水：比喻因记忆力不同，各年龄段的学习效果也不同，勉励少年多读书。石板刻字，比喻记得牢；粉笔写字，比喻虽然有痕迹但肤浅而不能久长；河里划水，比喻留不下痕迹。

少勿学，老上吊：犹言少年不学习，老大徒伤悲。老上吊，比喻到老因没有学识成为无用之人而急得上吊。

不怕人家看不起，只怕自家勿争气：意为有志之人不在乎一时一事的评价。看不起，小看，得不到承认；自家，自己；勿争气，没有志气。

人穷志气高，勿好也会好：意为有志可改变命运。勿好也会好，意为即使命运不好，结果也会好起来。

有心大海捞针，无心小事难成：意为有心人再难的事也能成功，无心的人小事都做不成。有心，有心人，有某种志向、肯动脑筋的人；大海捞针，大海能捞针，比喻做成极不易做到的事；呒心，无心，没有志向不动脑筋。

蜒蚰蛳螺上宁波，只要日脚多：比喻只要肯下功夫，什么事都做得成。蜒蚰，一种爬行很慢的软体动物；上宁波，意为从乡下上城，路途遥远；日脚，日子，指爬行的时间。

除死呒大事，讨饭永勿穷：意为大不了一死，活着总有生路，引申为百无顾忌。前半句，意为天下之事唯死为大，但我不惧死；后半句意为即使落到行乞的地步，也不致会清贫而无法生活。

万贯家财勿算富，一分仁义值千金：意为给予人恩惠赢得德声才是真正的财富。贯，旧时制钱以千钱为一串，称一贯；一分，一点；仁义，仁爱正义，指关心、帮助别人，为人主持正义，以至于杀身成仁，以身殉义；值，价值。

勿是侬格财，勿落侬格袋：意为不该自己得到的钱财不可贪图。侬格，你的；财，钱财，财物；袋，口袋，私囊。

人靠良心树靠根，走路纯靠脚后跟：意为立身须有良知，比喻句。靠，凭借，依靠；良心，良知，善心；纯靠，完全依靠；脚后跟，脚跟。

生活不寻，赌场拆赢：比喻不务正业。生活，行业，工作，职业；不寻，不找寻；拆赢，捣乱，从中得好处或获得快感。

癞四避端午：本义为蛙类动物冬眠至端午以后复苏，比喻躲避重要关节。癞四，癞蛤蟆；避，避开，民间把冬眠理解为有意避开；端午，农历五月初五端午节。

山怕无树地怕荒，人怕懒惰花怕霜：意为懒惰的人无药可救、一事无成。怕，只怕，只担心。

吃呖来，做呖呆：比喻只图享受不肯付出。吃，吃饭；呖，做某事的时候；做，干活；呆，装呆，不肯干活而故意缓慢应付，像是傻乎乎地不会干。

头夜忖忖千条路，天亮还是摸老路：意为千思万想还是老办法，比喻只敢想而不敢做。头夜，前一天晚上；忖，想；千条路，比喻有许多新的方案做法；天亮，早上；摸老路，比喻照旧做。

搭搭日子过，苦苦阿狗大：意为无大志向，得过且过。搭，混过；苦，辛苦；阿狗，常用的小男孩乳名。

嘴巴馋痨，多得难熬：揶揄嘴馋者贪吃思食而自寻烦恼。多得，多余的，自找的；难熬，心里难受，不舒服。

馋痨看牛等种田，馋痨新妇等送年：揶揄口馋的人等待吃的机会。馋痨，口馋，馋鬼；看牛，放牛娃，泛指农村中的帮工；等种田，等待种田时节，此间因田间劳动强度大，农家上下午均备有点心，放牛帮工虽不如种田辛苦，也可跟着吃；新妇，儿媳妇，暗指上有精明节俭的婆婆主持家政；等送年，等待大年夜祭神，此间各家必将最好的菜肴端上，儿媳妇也有解馋的机会。

出门勿弯腰，进门没柴烧：意为生活需要随时有心才能经营好。弯腰，指捡柴火。

百样事情百样巧，独怕窍门你不要：事事有窍门，只要有心去探求。百样，各种各样；窍门，奥秘所在；不要，不愿探求，不去琢磨。

好汉斗智勿斗力：意为智高于力，较量当智取。好汉，勇武威猛、劫富济贫的汉子；斗，争斗，较量；智，智慧，才智。

自家笨，还要埋怨刀钝：意为愚钝的人总找客观的借口。自家笨，自己笨，自身笨；刀钝，比喻，泛指客观条件不好。

笨是介笨，问勿肯问：意为愚钝而不谦虚。是介，是那样的；问，向人请教，询问。

好记性，不如烂笔头：意为要勤动笔。记性，记忆力；烂笔头，比喻文章写得不好，引申为用笔写。

现时勿学用时迟：意为为用而学，从现在开始。现时，现在，这时候；勿学，不学习；迟，指后悔晚了，再学来不及了。

赊一千，勿如现八百：赊账不如现付，宁可付得少一点，言下之意为到手的钱保险。赊，赊欠，欠账；现，现付，现款。

麻雀要藏三日粮：比喻要储粮防饥。本义为小小的麻雀也懂得储藏一些粮食。

笨贼偷捣臼，笨人挡亮头：比喻愚笨人常做旁人一看就知道不该做的事。笨贼，愚笨的小偷；捣臼，石臼，不值钱又笨重不易搬动；挡亮头，挡灯光，使别人缺乏光亮而看不清东西。

死了杀猪屠，勿会吃带毛猪：意为没有某个人，事情最终也会办成。杀猪屠，屠夫，专业杀猪的人；带毛猪，没有煺毛的猪肉。意为也有人会杀猪煺毛。

一等二靠三落空，一想二做三成功：意为任何事情只等或只靠别人最后必然落空，而敢想敢做才会成功。

人到三十顶风光，船到勒子顶会撞：意为三十岁的人正崭露头角，但要当心犯错误。三十，三十岁；顶风光，最得意，最引人注目；勒子，极限，意为船装载的货物达到极限；撞，碰撞，指船重不灵活而易相互碰撞，以碰撞比喻受挫折、犯错误。

人过四十天过午：意为年过四十岁犹如太阳过了中午，风光的日子已经不多了。

暴吃馒头三口生：意为做一件新的工作开始时免不了会有些技艺生疏、手脚生硬。暴，偶尔，偶然；三口，头三口，引申为起初；生，生疏，口味陌生。

眼过千遍，勿如手过一遍：比喻多见不如亲身体验。眼过，见到过；手过，过手，动手做过。

蜡烛勿点勿亮，菩萨勿塑勿像：比喻要注重实践，只有动手才能办成事情。菩萨，泥塑的神像。

差狗不如自走：比喻支派别人不如自己干。差狗，对雇员、佣人的贬称，相当于"跑腿的"；自走，自己走一趟；引申为自己办，自己干。经常用于差使别人没成功时的自我解脱语。

吃回苦头学回乖：吃一堑长一智。吃苦头，（因失败）受苦；回，次；学，学习，学会；乖，乖巧，掌握成功的奥秘。

事非经过勿知难：意为非亲身经历体会不到其中的困难程度。经过，经历过；知，知道，体会到，感受；难，难度，困难。

磨刀勿用力，天亮磨到太阳直：意为做事不出力，花多少时间也没收获，太阳直，指太阳正中午。

脚跷皇天宝：这是形容人跷脚享福时常用的比喻。

小洞勿补，大洞吃苦：意指学习上或做事上的不足要及时补齐。

生活勿会做，排场交关大：意指做事没有经验，摊子铺得大，铺张浪费。

讲讲神仙阿爸，做做死蟹一只：意指会说不会做的人。

日里讲到夜里，菩萨还在庙里：意指没有兑现承诺，做事拖拉。

重石头压出臭咸齑：意指严格要求，实施高压策略。咸齑：指咸菜。

上面的一些话，可以看出很有宁波的味道。比如，"脚跷皇天宝"可以看出宁波与佛教有渊源；"小懒差石板"可以看出古时候宁波有很多石板路；"重石头压出臭咸齑"可以看出宁波人的饮食习惯；"讲讲神仙阿爸，做做死蟹一只"可以看出宁波是临海临江的城市。"差狗勿如自走"可以看出宁波古时候有很多家庭养狗的事实。

四、上下句串俭奢

上下句是种特殊的语言结构，是人民群众喜闻乐见的语言形式。上一句和下一句联系起来，说明含义。上下句中的歇后语是中国人民在生活实践中创造的一种特殊语言形式，是一种短小、风趣、形象的语句，它由前后两部分组成：前一部分起"引子"作用，像谜语，后一部分起"后衬"的作用，像谜底，十分自然贴切，在一定的语言环境中，通常说出前半截，"歇"去后半截，就可以让人领会和猜想出它的本意，所以称为歇后语。

宁波老话中的歇后语是宁波人在日常生活中创造出来的，具有鲜明的地方特色和浓郁的生活气息，幽默风趣，耐人寻味，为民间百姓所喜闻乐见。

吃勤三餐饱饭——忘记前境痛苦

弗搭人家比过年——要搭人家比种田

少吃多滋味——多吃坏肚皮

勿怕冻煞——单怕吃煞

一勿赌食——二勿赌力

天亮吃盐汤——肚肠煞清爽

有吃时西瓜半糖霜——呒吃时空肚上眠床

越吃越馋——越嬉越懒

越赌越凶——越赌越穷

挣来钿万万年——赌来钿一蓬烟

嘴巴馋痨——世难熬

夜里困懒觉——日里呒劲道

光棍做人活神仙——生起病来叫皇天

贪眼小便宜——管着老价钿

天怕雪后风——人怕老来穷

小来怕剃头——老来怕看牛

鸭吃砻糠鸡吃谷——各人自有各人福

有铜钿人挣家计——唔铜钿人挣年纪

铁丝客篓—— 一毛不拔

三十夜等月亮——白费功夫

程咬金拜大旗——运气发旺

阿二满街串——吊儿郎当

文不像读书人——武不像救火兵——派勿来用场

小和尚念经——有口无心

十只指末头连排梢——笨手笨脚

吃起饭来峻山挖土——做起活来声声叫苦——争起钱来武松打虎

自己出屁股——还笑人家穿短裤

走过三关六码头——吃过奉化芋艿头

吃力勿讨好——阿黄春年糕

大襟布衫——节（只）陀进，弗陀出

脚娘肚当米缸——做一日，吃一日

五、歌谣唱勤勉

歌谣来自民间百姓的口头创作，很贴近生活，直接表达了人们的思想感情和意志愿望。宁波歌谣富有地方特色，简短押韵，语言形象生动，往往展现了一些有趣的小事，有时也阐述了一个深刻的道理。

懒汉种田像约债

天亮露水澎生，宁可昼勿歇凉；

昼过热息息，宁可夜巴结；

夜到蚊虫如锣，宁可明朝天亮早眼做。

懒汉耕田像约债，每日总百早，中，夜。

懒惰哎

懒惰哎，牵磨起。磨担重重呵！

懒惰哎，烧火起。火钳长长呵！

懒惰哎，拔筷起。筷笼高高呵！

懒惰哎，吃汤果起。拨我汤果多两个。

莫贪财

强盗贪财坐牢监，富家贪财天降灾，

做官贪财儿孙减，店家贪财店要关，

生意贪财坐冷板，手艺贪财吃白饭，

行贩贪财要倒摊，人心节节高如山，

有得千来想一万，不义之财不可得，

有朝一日阎王请，阎王勿问金银山。

赌博钿，一蓬烟

着衣看家富，吃食看来路。

种田钿，万万年；

做工钿，后代延；

生意钿，三十年；

赌博钿，一蓬烟。

摇啊摇，摇到外婆桥

摇啊摇，摇到外婆桥。

外婆洌格纺棉花，

舅舅洌格摘枇杷，

舅母洌格走人家，

还话人家伐泻茶，

裹落裹落还要唆人家。

唱月亮

月亮菩萨弯弯上，

弯到小姑进后堂。

后堂空，拜相公，

相公念经，打一天井，

天井隔笆，打一稻花，

稻花耘田，打一团箕。

火莹头

火莹头，夜夜红，

阿公挑担卖碗葱，

新妇织麻糊灯笼，

阿婆箝牌捉牙虫，

儿子看鸭撩厨虫。

从前有个老伯伯

从前有个老伯伯，
年纪有的八十八，
走到百丈街，
吃碗百宝饭，
钞票会用掉八角八分八厘八。

三千铜钿上宁波

火萤头，夜夜来，陈家门口搭灯台。
灯台破，墙门过，三千铜钿上宁波。
宁波行里坐一坐：
看见花生大落落，咬开一包壳；
看见李子红通通，咬开一包虫。
看见青果两头尖，还是买荸荠；
荸荠扁窄窄，还是买甘蔗；
甘蔗节打节，还是买广橘；
广橘青盎盎，还是买金朋（石榴）；
金朋像牙齿，还是买桃子；
桃子半边红，还是买点红（柿子）；
点红大舌头，还是买梨头；
梨头一根柄，还是买大饼；
大饼三层生，算来算去还是买花生。

阿囡哎，侬要啥人抱

阿囡哎，侬要啥人抱？我要阿娘抱，阿娘腰骨伛勿倒；
阿囡哎，侬要啥人抱？我要阿爷抱，阿爷胡须捋捋困晏（午）觉；
阿囡哎，侬要啥人抱？我要阿姆抱，阿姆搭囡囡做袄袄；
阿囡哎，侬要啥人抱？我要阿爹抱，阿爹出门赚元宝；
阿囡哎，侬要啥人抱？我要阿姊抱，阿姊头发没梳好；
阿囡哎，侬要啥人抱？我要阿哥抱，阿哥看牛割青草；
阿拉阿囡呒人抱，摇篮里头去困（睡）觉。

五一牌一包，米（味）道真好

一进（幢）牢房，驱（臭）气难逃；

两只窗窥，一大一小；

三餐便饭，餐餐不饱；

四道围墙，实在忒高；

五路四海，都来报到；

六月一到，蚊虫盯梢；

七根洋榆，根根牢靠；

八零八铐，随叫随到；

九（酒）烟弗吃，实在难熬；

十年一到，放出牢房；

一出牢房，心花怒放；

两只眼睛，东张西望；

三岔路口，灯光辉煌；

四无（师父）在此，不听劝告；

五一牌一包，米（味）道真好。

小白菜

小白菜，嫩艾艾，

老公出门到上海，廿块廿块带进来。

介好老公阿（哪）里来？石岩缝里爆出来。

日里打牌九，夜里搓麻将，

铜钿输掉八百万，老婆卖掉做讨饭。

正月嗑瓜子

正月嗑瓜子，二月放鹞子，

三月上坟抬轿子，四月种田下秧子，

五月白糖温粽子，六月吃饭扇扇子，

七月西瓜吃心子，八月月饼嵌馅子，

九月钓红夹柿子，十月沙泥炒栗子，

十一月落雪子，十二月冻煞叫花子。

宁波老话是一种非常古老的语言，不但通俗、生动、形象、幽默，形式多样，而且富有内涵，质朴又不失哲理。它饱含着劳动人民的生活经验，体现着宁波的风土民情，是宁波广大劳动人民智慧的结晶，我们要保护和发扬宁波老话。

第六章

勤俭道德的内涵解析

　　在中国传统文化中，勤俭节约既是一种精神要求与追求，同时又是一种道德规范和道德品质。正是把勤俭节约作为立身之根基、持家之要诀、治国之法宝，我们的祖先才能率先高举起人类文明的火炬，创造出中华民族灿烂辉煌的历史文化。

一、立身之根基

　　勤与俭是古代贤哲立身处世和待人接物最基本的美德。这主要表现在勤学致道与俭以修身两个方面。

（一）勤学致道

　　"百工居肆以成其事，君子学以致其道。"（《论语·子张》）古人将勤奋学习视为达到理想人格的必要条件。早在《尚书》中就已表达了这种思想，"惟学逊志，务时敏，厥修乃来，允怀于兹，道积于厥躬"（《尚书·说命下》）。要而言之，"学"然后才能道积于其身。后来，荀子表述得更为明确，荀子说："君子博学而日参省乎己，则知明而行无过矣。"（《荀子·劝学》）强调了"学"是"知明而行无过"的条件。朱熹引游氏语曰："君子之道，以威重为质，而学以成之。"（《论语集注》卷一）王夫之也强调说："君子之所由以致于道者，学也。"（《四书训义》卷五）"学"才能达到人生的最高境界，"学"的目的也就是达到人生的最高境界，"君子之为学，以求和于道也"（《四书训义》卷十），"学以致者道"（《四书训义》卷五）。

　　正是基于这种认识，古人特别强调勤奋好学。《论语》开篇就是论"学"

的，并且把学习当作一种享受，一种快乐。孔子的继承者们，无一例外都非常重视"学"，有许多著名的代表人物在其著作中写了论"学"的专门篇章：《荀子》《吕氏春秋》《孔子集语》中有《劝学》，《礼记》中有《学记》《大学》，《扬子法言》中有《学行》，《潜伏论》中有《赞学》，《中论》中有《治学》，《通书》中有《志学》《圣学》，《河南程氏粹言》中有《论学篇》，《朱子语类》从卷七到卷十三，皆以《学》名之，共达七卷之多；直到清代的张之洞都还以《劝学篇》作为其著作的书名。可见，古代的"学"论思想蔚为壮观，已经形成了一种体系较为完整的理论，并且在中国思想史上产生了深远的影响，是我国传统文化中一份极为宝贵的精神财富。

具体说来，古人的勤奋力学表现在以下几个方面：

第一，刻苦求学。"宝剑锋从磨砺出，梅花香自苦寒来"。古人通过刻苦求学成功成才的故事不胜枚举，单就唐代那些学者勤奋苦读的风尚与精神，就令后人敬佩不已。李白"五岁诵六甲，十岁观百家"，稍长，"十五观奇书，作赋凌相如"。甚至在安史大乱中，身"系浔阳狱，正读《留侯传》"，平日攻读之勤可想而知。杜甫"七龄思即壮，开口咏凤凰。九龄书大字，有作成一囊"。年纪尚轻，竟敢"气劘屈贾垒，目短曹刘墙"，及长大，还是"群书万卷常暗诵"。他经常告诫儿子"应须饱经术""熟精文选理"，他自己不言自明。白居易，"及五六岁便学为诗，九岁谙识声韵……二十已来，昼课赋，夜课书，间又课诗，不遑寝息矣。以至于口舌生疮，手肘成胝"。（白居易《与元九书》）长期手握书卷或伏案笔耕，手和肘关节上都磨出一层厚厚的老茧，这种功夫，当今尚有几人做得到？韩愈为朋友柳宗元死后写的《柳子墓志铭》里说："子厚少精敏，无不通达……议论证据今古，出入经史百子。"而韩愈自己"少好学问，自《五经》之外，百氏之书，未有闻而不求、得而不观者"，年复一年，日复一日，"口不绝吟于六艺之文，手不停披于百家之编"（韩愈《进学解》），以致"年未四十而视茫茫，而发苍苍，而齿牙动摇"。终其一生，"焚膏油以继晷，恒兀兀以穷年"。边塞诗人高适，从小丧父，生活贫困，有时甚至以乞讨为生。长大后，他种地砍柴，遍尝劳苦，仍然不忘读书习武。后来到长安寻找出路，因为出身低微，不受重视，他索性住在乡下耕读度日。后来来到边境，和守边将士生活在一起，过着艰苦的军旅生活。长期的磨炼，使他见识高远、才华卓著，写出了传诵千古的豪迈诗句。

第二，惜时如金。"盛年不重来，一日难再晨。及时当勉励，岁月不待人。"（陶渊明《杂诗十二首》之一）"三更灯火五更鸡，正是男儿读书时。黑发不知勤学早，白首方悔读书迟。"（颜真卿《劝学》）"莫等闲，白了少年头，空悲切。"（岳飞《满江红》）"白日如奔骥，少年不足恃。汲汲身未立，忽焉老将至。子试念及此，则昼何暇乎食，夜何暇乎寐。"（《宋元学案补遗》卷二）"光阴易过，一日减一日，一岁无一岁。"（《朱子语类》卷一二一）这些惜时劝学的言论表达了先哲对时间的珍视，他们也留下了大量惜时勤学的故事。例如，《汉书》记载了西汉黄霸狱中勤学的故事。他曾经因同情夏侯胜反对汉宣帝修建庙堂而与夏侯胜一起入狱。夏侯胜是一位忠臣，更是一位饱学之士，尤其精通《尚书》。黄霸与夏侯胜关在一个监狱里，他就利用这个机会向夏侯胜学习，并拜他为师。一天，黄霸诚恳地对夏侯胜说："您对《尚书》的研究很深刻，请您教我学《尚书》好吗？"夏侯胜入狱后一心等死，情绪十分低沉，听了黄霸的话后，苦笑道："你我都是犯了死罪的人，说不定明天就会被砍头，你还有什么心思学《尚书》呢？再说，学了又有什么用？"黄霸说："孔子说过，朝闻道，夕死可矣！如果一个人能在生前多学一些东西，那么死的时候也会心满意足，无怨无悔了！"一席话感动了夏侯胜，于是夏侯胜振作起来，同意收下黄霸做自己的学生。就这样，黄霸在狱中开始向夏侯胜学习《尚书》。黄霸学而不厌，刻苦认真，终于在狱中把深奥难懂的《尚书》吃透了。夏侯胜诲人不倦，在教黄霸的同时，温故知新，又悟出了许多新见解。就这样，两人在狱中一教一学，整整度过了三年，直到大赦出狱，两人成了知交。出狱后，夏侯胜出任谏议大夫，他立即举荐黄霸。不久，黄霸出任扬州刺史，后官至御史大夫、丞相，封建成候。（《汉书》卷七五、八九）

第三，持之以恒。"锲而舍之，朽木不折；锲而不舍，金石可镂。"（《荀子·劝学》）"学至乎没而后止。""焚膏油以继晷，恒兀兀以穷年。"（韩愈《进学解》）古人的勤学精神还表现在锲而不舍、持之以恒上。学习不可能一蹴而就，必须坚持不懈，持之以恒才能有所成就。汉儒董仲舒读书"三年不窥园"的故事可谓持之以恒的典范。董仲舒自幼勤习儒家经典，数十年如一日，《史记》《汉书》中说他专心学习，"盖三年不窥园，其精如此！"王充《论衡·儒增》亦载："儒书言董仲舒读《春秋》，专精一思，志不在他，三年不窥园菜。"桓谭《新论·本照》甚至说："董仲舒专精于述古，年至六十余，不窥园中菜。"他沉醉于儒家经典所创造的意境中，心无旁骛。《史记》记载，当时六畜兴旺，马牛繁息，"众庶街巷有马，阡陌之间成群"，人们骑马也非常讲究，骑母马者被"摈"（排斥）而不得聚会。可董仲舒对此并不留意，"尝乘马不觉牝杜，志在精传也"。（《太平御览》卷八四〇）功夫不负有心人，经过多年的钻研，董仲舒通五经，义兼百家，且长于议论，善为文章。《汉书·儒林传》说他"通五经，能持论，善属文"。王充也说："董仲舒者，文之乌获也。"（《论衡·效力》）将他比喻成文章圣手、写作大师。

（二）俭以修身

在古人看来，节俭是道德修养的重要基础。《左传·庄公二十四年》有一句著名的议论："俭，德之共也。侈，恶之大也。"《司马文正公传家集·训俭示康》对此议论做过精辟的解释："共，同也，言有德者，皆由俭来也。夫俭则寡欲。君子寡欲，则不役于物，可以直道而行；小人寡欲，则能谨身节用，远罪丰家。故曰'俭，德之共也'。侈则多欲。君子多欲，则贪慕富贵，枉道速祸；小人多欲，则多求妄用，败家丧身，是以居官必贿，居乡必盗。故曰'侈，恶之大也'。"古人以俭来修身养性主要体现在以下几个方面。

第一，淡泊明志。淡泊可以明志，就是不追逐世俗的功名利禄，以心灵的恬淡平和来显示人的志趣和志向。淡泊明志是古人所倡导的一种理想人格。作为一种生活方式，它以简朴为美，崇尚自然，放弃多余的物质追求；它尊重人的内心需求，心灵的恬淡与宁静，不为功名利禄奔波忙碌。"君子食无求饱，居无求安。"（《论语·学而》）"饭疏食，饮水，曲肱而枕之，乐亦在其中矣。"（《论语·述而》）节俭的生活犹如磨刀石，它能砥砺人们战胜艰难困苦的坚忍意志，培养顽强的斗志。坚持节俭的生活态度，可以使人保持一种不役于物的精神状态，从而能够以一种高尚、宁静、淡泊的心态去生活。所以孔子曾一再感叹颜回安贫乐道的生活方式："贤哉，回也！一箪食，一瓢饮，在陋巷，人不堪其忧，回也不改其乐。贤哉，回也！"相反，人如果一味追求物质享受，就容易在花天酒地、纸醉金迷的奢靡生活中玩物丧志，从而意志消沉、精神颓废，最终必然导致道德沦丧、腐败堕落。

第二，躬行俭朴。自古以来，大凡有成就、留名后世的贤哲都主张一种俭朴、清廉的生活方式。如司马光自述"平生衣取蔽寒，食取充腹，亦不敢服垢弊以矫俗干名，但顺吾性而已。众人以奢靡为荣，吾心独以俭素为美"（《训俭示康》）。他虽然高居宰相之位，仍以节俭为本，不喜华靡，留下了"入地乘凉""典地葬妻"等感人事迹。据《宋史》记载，洛阳为北宋西京，深门大院，亭台楼阁，随处可见。当时的大官王宣徽在洛阳园宅甲天下，中堂起屋三层，飞檐走兽，气势恢宏，华丽无比。而司马光宅第简陋，仅可遮蔽风雨，由于夏日酷热难当，司马光在家中挖地丈余，以砖砌成地室以避暑，被京城戏称为"王家钻天，司马入地"。司马光为官四十余年，位至尚书左仆射兼门下侍郎（宰相），妻子去世，家里竟然没有钱办丧事，儿子司马康和亲戚主张借些钱，把丧事办得排场一点，司马光不同意，并且教训儿子处世立身应以节俭为可贵，不能动不动就借贷。最后，他还是把自己的一块地典当出去，才草草办了丧事。这就是民间流传的"典地葬妻"的故事。

第三，俭以养德。节俭之所以可以养德，是因为节俭与各种品德之间有着内在的本质联系。善于克制、谨身节用，就有了道德自律的基础，从而有利于朴实、勤劳、善良、清廉等道德品质的养成。所以清代画家文点说："贫者，士之幸也。菜羹蔬食，足以安人性情，坚人操行。少或有余，将移所守。"（吴德旋《初月楼闻见录》卷一）北宋时期辽国人张俭堪称这方面的典范。他在相位二十余年，生活一贯俭朴，只穿粗布衣服，食不重味，每月俸禄有余，就赠给亲朋故旧。辽兴宗去他家时，本来御膳房已派去厨师，各种美味菜肴都已准备好了，张俭都让撤掉，只"进葵羹、干饭"，结果两人吃得也很香甜。还有一次，正值严冬，张俭在偏殿议事，兴宗见他长袍破旧，密令侍从用火夹烧穿他的袍子，想让他换件新长袍。尽管袍子上烧了许多洞，可张俭依旧穿着它。兴宗不解地问他为什么老穿那件破旧的袍子？他回答说："臣服此袍已三十年。因为人们崇尚奢靡，为了矫正时弊，所以要以自己的实际行动来革除不良的习俗。"兴宗钦佩他的清贫，命令他到内库任意选取他所需要的东西，可张俭仅"持布三端而出"。因此，兴宗更加敬重他。张俭有弟五人，兴宗"欲俱进士第"，可张俭坚决不答应（《辽史本传》）。又如明代清官海瑞，常以"公以生其明，俭以养其廉"自勉，平时出门只着布衣，鞋子修补了几次仍穿在脚上，平时从不吃肉，朋友登门拜访也只是蔬菜招待，老母亲六十大寿时才买了两斤肉。海瑞死后，人们清点其遗物，只有"俸金八两，葛布一匹，旧衣数件"。时人称赞"海公清苦之行，举朝不能堪，亦举朝不能及"（郑瑄《昨非庵日纂》）。

第四，俭以修身。古人认为俭之有益于人，不仅可以养德，还可以养寿、养神、养气。"俭于听，可以养虚；俭于视，可以养神；俭于言，可以养气。"（五代·南唐·谭峭《谭子化书》）宋人罗大经指出："大凡贪淫之过，未有不生于奢侈者。俭则不贪不淫，是可以养德也；人之受用，自有剂量，省啬淡泊，有久长之理，是可以养寿也；醉浓饱鲜，昏人神志，若疏食菜羹，则肠胃清虚，无滓无秽，是可以养神也；奢则妄取苟求，志气卑辱，一从俭约则于人无求，于己无愧，是可以养气也。"清代康熙皇帝也认为："人生衣食财禄皆有定数，若俭约不贪，则可以养福，亦可以致寿。"（《庭训格言》）

135

二、持家之要诀

勤俭持家是中国的传统美德，也是家庭的经济法则，更是家庭的道德规范。早在《尚书·大禹谟》中，就已有"克俭于家"的训言。宋人林逋认为："成家之道，曰俭与清。"（《省心杂言》）南宋叶梦得更是将"俭"规定为持家的第一要则，他说："夫俭者，守家第一法也。"（叶梦得《石林治生家训要略》）清人金缨亦称："勤俭，治家之本。"（《格言联璧》）近代学者严复更是明确指出："治家者，勤苦操作矣，又必节食省衣，量入为出，夫而后仓有余粮之积，门无索逋之呼。至于因浪费而举债贷赀，则其家道苦矣！"

为什么古人如此重视勤俭在治家中的作用呢？这是因为，是否勤俭持家，关系到家庭的贫富、家业的兴衰。在家境贫寒的情况下，只要能做到以俭持家，则贫不足惧，通过节制开支，仍有可能勉强度日。这就是所谓"俭者贫有余"（谭峭《谭子化书》）。而一旦丧失俭德，那么，即使再富有的家庭也会走向破落。"由俭入奢易，由奢入俭难。"（司马光《训俭示康》）在中国历史上，奢侈败家的不乏其例。晋代的何曾，当了太傅，喜欢奢侈，"日食万钱"，还说"无下箸处"，到了孙子一代便因骄奢而家业败落。又如石崇、和珅等人生活奢侈无度，最终引来了杀身之祸。

（一）勤于农事

传统家训反复告诫子孙治生当以"农桑"为"本务"，应"务农力本"，通过"力农"以殖财致富。然而，他们所提出的"力农""亲农事"等治生之策，并非要求子孙亲自参加农业劳动，而是要求他们亲自从事"农事"的经营管理，以"守家""起家""资身""力身"。在传统家训文化中，特别是元明时期的家训已经提出了一整套"亲农事"的具体措施和方法。

首先，选配专职管理人员对"农事"进行管理。庞尚鹏在家训中要求子孙对田庄土地应"亲身踏勘耕管"，对"岁收稻谷及税粮徭差"也应"悉心磨算"，切勿"畏劳厌事，倚他人为耳目"，以至于"菽麦不辨"而"为人所愚"。（《庞氏家训》）《郑氏规范》是强调"家长总治一家大小之务，凡事令子弟分掌"，力倡选定老成有谋者充任总管，"通掌门户之事"主掌"输纳赋租"，兼管"山林陂池防范之务""增拓田业之勤"和"计会财息之任"。霍韬在其家训中也提出在家庭子弟中每年择定一人充任管理"农事"的"纲领"，主管具体的农业生产经营活动；选配一人职任"司货"，主掌窑冶、炭铁及木植等经营活动。

其次，对"农事力加强督促稽核"，赏勤罚懒。许相卿在其家训中称"农事"为"民生第一务力"，主张对日常的农业生产经营活动当"程督必详，勤惰必究"，根据考核之实绩行赏施罚。庞尚鹏在其家训中也反复强调，"人无遗力，则地无遗利"，应选派专职管理人员对农事生产"不时查验，毋令失业"，"随时加察，以验勤惰"。

再次，推广精耕细作的农作方式以提高"农事"的经营绩效。许其卿在其家训中反复强调：只有推广精耕细作的生产方式，才能力保"农事"的兴盛，所谓"风土气候必乘，种性异宜必审，种植耕耨必深，沃瘠培灌必称，芟草去虫必数，壅溉修剪必当、必时"。

（二）俭以持家

传统家训文献中关于节俭的训示尤为普遍，都十分强调节俭对治生、持家的重要性，并就在家庭经济管理活动中如何实行俭以持家的措施、方案等问题提出了一系列的建议。

首先，用度节俭，力戒奢靡。古人从家庭兴衰的实践中总结出节俭的必要性："起家之人，未有不始于勤而后渐流于荒惰"（姚舜牧《药言》），"俭则足用，俭则寡求，俭则可以成家，俭则可以立身，俭则可以传子孙；奢则用不给，奢则贪求，奢则掩身，奢则破家，奢则不可以训子孙。利害相反如此，可不念哉？"（倪思《经锄堂杂志》卷一）不仅如此，他们还在理论上对节俭之道进行了阐述："俭之为道，第一要平心忍气"，这样才不至于"因一朝之忿"与人口角、争斗而酿成官司以致"破家"；"第二要量力举事，土木之功，婚嫁之事，宾客酒席之费，切不可好高求胜"，否则便会"所费不支"，造成破家；"第三要节衣缩食"，不要讲求"绮罗之美""肥甘之美"，这些东西均不是"养生"之好，反而启破家之渐。（朱柏庐《劝言》）

因此，传统家训强调家庭的日常消费应精打细算，崇俭黜奢。如宋人司马光为此写了专文《训俭示康》，告诫儿子"由俭入奢易，由奢入俭难"的朴素道理。许相卿在其家训中反复告诫子孙："早晚菜粥，午食一看，非宾祭老病不举酒，不重肉，少未成业，酒毋入唇，丝毋挂身""器用但取坚整，舟车鞍辔但致远重，勿竞雕巧绚丽，以乘素风"。庞尚鹏在其家训中更是告诫子孙当"禁奢靡""子孙各要布衣疏食，惟祭祀宾客之会，方许饮酒食肉暂穿新衣""亲友往来，拜帖、礼帖、请帖、谢帖，俱单柬，不用封筒""待客看不过五品，汤果不过二品，酒饭随宜""吊丧只用香纸，不用面巾果酒"。

不过，他们对节俭有着原则性的理解，即"丰俭随其财力，则不谓之费"（《袁采·袁氏世范》卷二），也就是说"俭"不同于"吝"，"悭吝与俭有大别，当于理之谓俭，吝于财之谓悭。……盖俭者，用财不过则之谓，非无良残忍，只知有财而不用之谓也，愿人深辨乎此也"。（唐彪《唐翼修人生必读书》）故只要"用财不过"，则"合用万钱者，用万钱不谓之侈；合用百钱者，用百钱不谓之吝"（宋·陆九韶《居家制用篇》）。

其次，量入为出，统筹安排。宋人陆九韶在《居家制用篇》中说："故凡家有田畴足以赡给者，亦当量入为出。"倪思在《经锄堂杂志》中说："富家有富家计，贫家有贫家计，量入为出，则不至乏用矣。"明人庞尚鹏在《庞氏家训》中说："终年经费，量入为出，务存盈余，不许妄用。"许相卿在《许云邨贻谋》中说："治生量入节用。"清人张英在《恒产琐言》中说："处承平之日，行量入为出之法，自不致狼狈。"需要说明的是，量入为出与节俭既有联系又有区别，其区别在于量入为出是一种全面的管理方法，它着重于对生活资料进行统筹安排，而节俭则是一种单纯的消费方法，它着重于如何对生活资料进行消费；其联系在于对生活资料进行量入为出的处理而不至于浪费，是节俭得以实现的必要手段，这就是古人重视这一原则的关键所在。

量入为出是一种统筹性的管理原则，故它的特点即在于对生活资料进行全面的安排，要考虑哪些东西用于消费，哪些东西用于再生产；哪些东西先用，哪些东西后用；如何备荒，如何应酬；等等。宋元明清时期的家训对此多有讨论，其中尤以宋人陆九韶的论述最为精要，他认为古之治国"必于岁之杪，五谷皆入，然后制国用。用地大小，视年之丰耗，三年耕，必有一年之食；九年耕，必有三年之食，以三十年之通制国用，虽有凶旱水溢，民无菜色，国既若是，家亦宜然"，因此，"凡家有田畴，足以赡给者，亦当量入以为出，然后用度有准，丰俭得中"，这样才会"怨诮不生，子孙可守"。随后他开列了居家量入为出的详细条目："今以田畴所收，除租税及种畚粪治之外，所有若干，以十分均之。留三分为水旱不测之备，一分为祭祀之用，六分为十二月之用。以一月合用之数，约为三十分，日用其一，可余而不可尽用。七分为得中，不及五分为太啬。其所余者，别置薄收管，以为伏腊袭葛、修葺墙屋、医药、宾客、吊丧、问疾、时节馈送。又有余，则以周给邻族之贫弱者，贤士之困穷者，佃人之饥寒者，过往之无聊者。"他还补充说，上述所谓"留三分为水旱不测之备"乃"为丰余之多者制也，苟所余不能三分，则有二分亦可；又不能二分，则存一分亦可；又不能一分，则宜撙节用度，以存赢余"，唯有如此，处家方"可长久，不然，一旦有意外之事，必致破家矣"。上述所谓"六分为十二月之用，以一月合用之数，约为三十分者，非谓必于其日用尽，但约见每月每日之大概，其间用度，自为赢缩，惟是不可先次侵过，恐难追补，宜先余而后用，以无贻鄙啬之讥"，这是就田多人家而论的。至于那些"田畴不多，日用不能有余"者，则当"一味节啬，裘葛取诸蚕织，墙屋取诸蓄养。杂种蔬果，皆以助用。不可侵过次日之物，一日侵过，无时可补，则便有破家之渐"；"其有田少而用广者，但当清心俭素，经营足食之路。于接待宾客，吊丧问疾，时节馈送，聚会饮食之事，一切不讲。他说这里所谓"一切不讲者，非绝其事也，谓不能以货财为礼耳。如吊丧，则必以先往后罢为助；宾客，则樵苏供爨清淡而已"。至于奉亲，虽为大者，然"啜菽饮水尽其欢"亦可谓之孝；祭祀，虽为严者，然"疏食菜羹"亦可谓之敬。倘"凡事皆然，则人固不我责，而我亦何歉哉。如此，则礼不废而财不匮矣"（陆九韶《居家正本制用篇》）。

陆氏的这番言辞，是我国现存家训文献中最早以"量入为出"原则细论家庭理财的理论，它对我国重伦理的小农经济性的家庭是十分适用的，因为倘能行此则可"礼不废而财不匮"。故此理论一经问世，便得到了当时以及后世许多人的推崇、仿效。如其后的倪思在所著《经锄堂杂志》中就立有"岁计""月计"两章，专谈如何按"岁"按"月"进行理财，他说"富家有富家计，贫家有贫家计，量入为出，则不至乏用矣"，并将"家之用，分而为二"，令子弟分掌，"其日用收支为一，其岁计分支为一。日用以赁钱俸钱当之。每月终，白尊长。有余，则趱在后月，不足，则取岁计钱足之。岁计以家之薄产收入当之。岁终，以白尊长。有余则来岁可以举事，不足则无所兴举。可以展向后者，一切勿为，以待可为而为之。"这番安排，显然是受到了陆九韶的影响。元代郑太和的《郑氏规范》中也有数条是关于按月按岁理财的。清人张英在《恒产琐言》中更说："居家简要可久之道，则有陆梭山量入为出之法在"；"陆梭山之法最详，即百金之产，亦行此法"。其在所著的另一家训名篇《聪训斋语》中亦言："生平最喜陆梭山过日治家之法，以为先得我心，诚仿而行之，庶几无鬻产荡家之患。"曾国藩也说：一尔辈以后居家，须学陆梭山之法，每月用银若干两，限一成数，另封秤出。本月用毕，只准赢余，不准亏欠。可见陆九韶这种理论的影响之大。

第三，簿记入账，加强核算。传统家训中有关生活资料的管理除上述两条原则外，还实行簿记入账法，即将每日、每月、每年的收入和支出均记录在册，以便核对，既便于理财，也避免引起家人对财产问题的纠葛，具有原始财会的性质。这一理财方法主要见于少数多世同堂的大家庭的家训中，其代表著作有宋人袁采的《袁氏世范》、元人郑太和的《郑氏规范》、明人许相卿的《许云邨贻谋》和《庞氏家训》等。《郑氏规范》提出在子孙中择定两名"廉谨子弟"专司财会之职责，"所出所入皆明白附簿"；选配两名"廉干子弟"主管"莴运之事"，"岁终会算，通计其数，呈于家长，严加关防，察其私滥"。许相卿主张对租赁、杂货、积贮、宾师、婚丧、修造等收支情况，既要"总立家储簿盼"，又要各项分立账簿严加监督。庞尚鹏在家训中对账簿管理做了更明确、具体的规定："置岁入簿一扇，凡岁中收受钱谷，挨顺月日，逐项明开。"定期统计，"终年经费，量入为出，务存盈余，不许妄用"；"置岁出簿二扇，一扇为公费簿，凡百费皆书，一扇为礼仪簿，书往来庆吊祭祀宾客之费"，定期"结一总数左方，不许涂改及窜落"。

因此，古人以簿记的方式理财，并不像我们想象的那么简单，而是分工细密，管理严格，一家中凡与财产有关的事项，无论大小，几乎尽括其中，且其核算方式在当时的条件下亦为"科学"。

三、治国之法宝

"历览前贤国与家，成由勤俭破由奢。"（李商隐《咏史》）勤俭是一个民族或一个国家长期兴旺发达的基础。翻开中国历史，我们会发现这样一种奇怪的历史循环：每个王朝伊始，开国君主们无不励精图治，极力发展生产，厉行节约，几代之后，当社会财富积累到一定程度，国富民强、王朝鼎盛之后，一种普遍的腐败开始盛行，皇帝穷奢极欲，官府横征暴敛，国家很快出现政治危机，于是劳动人民纷纷揭竿而起，旧的王朝土崩瓦解，新的王朝开始诞生，又一轮历史循环开始……要想国家长治久安，就必须坚持勤俭治国。

"勤政"是古代为政者一项基本的政治品德。早在西周初年，周公鉴于殷纣王朝覆灭的教训，就强调勤政的重要性，并且身体力行。他对儿子伯禽说："我文王之子，武王之弟，成王之叔父，我于天下亦不贱矣。然我一沐三捉发，一饭三吐哺，起以待士，犹恐失天下之贤人。"（《史记·鲁周公世家》）历代帝王对勤政以求治平天下的意愿也多有表露。如汉武帝刘彻说："今朕获奉宗庙，夙兴以求，夜寐以思，……何行而可以章先帝之洪业休德，上参尧舜，下配三王！"（《汉书·武帝纪》）表现了积极求治的强烈愿望。唐太宗李世民说："天下稍安，尤须兢慎，若便骄逸，必至丧败。今天下安危，系之于朕。故日慎一日，虽休勿休。"（《贞观政要·政体》）明太祖朱元璋也在遗诏中说，自己

"上应天命",在位"三十有一年,忧危积心,日勤不怠,务有益于民"(《明史·太祖纪下》)。清圣祖康熙更是把勤政作为治国安民的重要途径,他说:"朕莅祚以来,孜孜图治,罔有暇逸。惟期裨益国家,义安兆庶。"(《圣祖仁皇帝圣训·圣治》)具体说来,古人勤政治国主要体现在以下几个方面:

一是忧勤天下。"忧勤"是古代为政者心忧天下、勤政不怠的政治责任感,是为政者励精图治的重要心理特征。汉司马相如指出:"夫王事固未有不始于忧勤,而终于佚乐者也。"(《史记·司马相如列传》)宋儒石说:"夫忧勤天下者,圣人之心也;安乐一身者,匹夫之情也。心忧乎天下,则骄奢淫佚、邪乱非僻之志无自入也。"(《忧勤非损寿也》)张载也说:"为政必身倡之,且不爱其劳,又益之以不倦。"(《正蒙·有司篇》)对"忧勤"感受最深的莫过于唐太宗李世民。他曾经问魏徵:"朕克己为政,仰企前烈。至于积德、累仁、丰功、厚利,四者常以为称首,朕皆庶几自勉。人苦不能自见,不知朕之所行,何等优劣?"(《贞观政要·君臣鉴戒》)他时常有一种危机感,唯恐政策有误,贻害天下,因此慎重忧劳,兢兢业业,不敢懈怠。他曾对裴寂说:"比有上书奏事,条数甚多,朕总粘之屋壁,出入观省,所以孜孜不倦者,欲尽臣下之情。每一思政理,或三更方寝。"(《贞观政要·求谏》)这种"克己""出入观省"的政治责任感无疑是实现励精图治的重要心态条件。

二是勤于政事。"业精于勤,荒于嬉。"为学如此,为政亦然。古之贤哲早就认识到"勤政"的重要性,也早就认识到荒政怠政的严重危害。《荀子》中讲:"凡百事之成也,必在敬之;其败也,必在慢之。"《韩非子》中也说:"不务听治,而好五音不已,则穷身之事也。"大禹治水,吃苦耐劳,励精图治,三过家门而不入,被奉为中华民族集勤劳、勇敢、智慧及大公无私等美德于一身的古代英雄;后汉光武帝刘秀"每旦视朝,日仄乃罢鼻数引公卿、郎、将讲论经理,夜分乃寐"(《后汉书·光武帝纪下》),成为历代帝王敬业勤政的典范;诸葛亮为辅佐刘备父子复兴汉室"鞠躬尽瘁、死而后已",被历代知识分子奉为楷模。在考核官员时,历代统治者往往要分出勤、平、怠等不同等级,而且三争,相反,曾经创造大唐盛世的唐玄宗后期怠于政事,不理朝政,专以声色自娱,陶醉于温柔乡里,最终导致安史之乱,使大唐江山由盛转衰。

三是爱民恤民。爱民恤民是勤政的宗旨和归宿。古人关于爱民恤民的重民思想,至少可以追溯到西周初年的周公那里。周公历经沧桑之变,目睹了"前徒倒戈"事件,深感小民不可忽视,因此要求当权者"知稼穑之艰难""知小民之依","怀保小民,惠鲜鳏寡"(《尚书·无逸》)。重民之说在先秦诸子中也很普遍，法家、道家、杂家等都论述过重民问题。如《吕氏春秋·顺民》说："凡举事，必先审民心，然后可举。"当然，最提倡重民的是儒家。孔子"所重：民、食、丧、祭"（《论语·尧曰》），民是排在第一位的。孟子更是提出了"民贵君轻"的思想。这些认识在实践中就要求统治者施仁政，即轻徭役，薄赋税，轻刑法，取之有道，用民有度。如明太祖朱元璋在建立政权的过程中，深知爱民恤民的重要性，他告诫地方官吏说："天下始定，民财力俱困，要在休养安息，惟廉者能约己而利人，勉之。"（《明史·太祖本纪二》）他极其推崇孔子的恤民主张，认为孔子所说的"使民以时""节用而爱人"等是"治国之良规"，"孔子之言，诚万世之师也"。（《明太祖实录》卷二十）

古人在提倡勤政的同时，也强调以俭治国，行俭约之政。主要表现在以下几个方面。

一是以俭助廉。清正廉明的清廉精神，被古人视为"国之大维""为政之本"和"为官之宝"，它要求为官之人洁身自好，立心为公，不牟私利，不徇私情。而节俭的品德有助于培养清廉精神。《宋史·范纯仁列传》指出，"惟俭可以助廉"，意即节俭可以促使官员廉洁奉公。因为贪污纳贿，不廉洁，往往是由贪得无厌、迷恋奢侈生活引起的，而俭朴的德行有助于抑制这种过分的欲望，也就使人不易被一些腐朽思想所腐蚀。一个人在俭朴的生活中，就容易培养和形成一种淡泊和廉洁的思想品德。历代为人们所传颂的廉正清官，都源于"节欲""寡欲"。唐朝宰相卢怀慎可谓典型，他以身示范，厉行节约，从不置家产，不穿华美的衣服，也不用金、玉器物。身处相位，妻子儿女却如同生活在贫寒之家。在洛阳主持选考官员，随身带的用具，只有一只布口袋。招待客人时，桌上只有蒸豆两碗，蔬菜几碟。他去世时，家中竟没有一点积蓄，身边只有一个老仆人为他办了丧事。宋代著名政治家范纯仁，也是一位著名的清官，他说："惟俭可以助廉。"他的一生，对他人总是慷慨无私、解囊相助，而自己的生活，则一直十分俭朴。正是因为俭朴的作风和廉洁奉公的精神，才最终成就了他们的一世英名。又如明朝清官海瑞外任地方大员时，规定自己每餐饮食连同柴米等费用不超过三钱，物价便宜的地方不超过二钱。正是这些清官生活上的"节欲""寡欲"，促成了他们政治上的清廉刚正。

二是以俭治国。如果说以俭养廉是对各级官吏的道德要求，以俭治国就是对君主的要求。在中国历史上少有的几个盛世中，君主几乎无一例外地高举廉政的旗帜，如汉文帝、唐太宗、清世祖等就是典型。他们不但对臣僚提出廉政的要求，自己也是廉政的表率，因而对当时清廉政风、淳朴世风的形成产生了积极的影响。譬如汉文帝弃修百金之露台，影响何止于当时。又如唐太宗与魏徵君臣认识到"崇饰宫宇，游赏池台，帝王之所欲，百姓之所不欲"，一生都保持"衣无锦绣"的俭朴之风，其影响也及于后世。又如隋文帝杨坚统一全国之后曾告诫太子杨勇："历观前代帝王，未有奢华而得长久者。汝当储后，若不上称天心，下合人意，何以承宗庙之重，居兆民之上？吾昔日衣服，各留一物，时复看之，以自警戒。"（《隋书·杨勇传》）可惜，隋文帝另一个儿子杨广（隋炀帝），掌握了政权之后，却忘记其父杨坚的教诲，对民众横征暴敛，生活上骄奢淫逸终于导致众叛亲离，危机四伏，断送了隋王朝的命运，他本人也成为因奢侈腐化而亡国丧生的亡国之君的典型。宋朝开国皇帝赵匡胤与其弟宋太宗赵光义也都身体力行倡导节俭风尚。针对皇后与公主所说的"官家作天子日久，岂不能用黄金装肩舆，乘以出入？"赵匡胤则说："我以四海之富，宫殿悉以金银为饰，力亦可办，但念我为天下守财耳，岂可妄用。古称以一人治天下，不以天下奉一人。苟以自奉养为意，使天下之人何仰哉！当勿复言。"988年，赵光义手诏戒次子元僖等："即位以来，十三年矣。朕持俭素，外绝游观之乐，内却声色之娱，真实之言，固无虚饰。汝等生于贵，长自深宫，民庶艰难，人之善恶，必是未晓，略说其本，岂尽余怀。夫帝子亲王，先须克己励精；听言纳诲，每著一衣，则悯蚕妇，每餐一食，则念耕夫。至于听断之间，勿先恣其喜怒。"要子女不忘创业之难。他甚至这样说："汝以奇巧为贵，我以慈俭为宝。"（同上，卷三十二）

三是强本节用。孔子将节用视为一项治国纲领，他认为"政在节财"（《史记·孔子世家》）。南宋的叶适作为研究"功利之学"的永嘉学派的集大成者，继承并发展了前人的富国论。他主张国家财政开支量入为出，而且应合理地取得"人"，否则将会损害人民的利益，他认为："国家之体，当先论其入。所入或悖，足以殃民，则所出非经，其为蠹国，审矣。"节用可以通过增加国家和百姓的财富积累，促进生产发展，达到富国富民的目的，所以，节用和经济发展密切相关，是经济发展的一个重要条件。首先，节用可以增加财富积累以备灾荒，保证经济的可持续发展。墨子认为："故备者，国之重也。""仓无备粟，不可以待凶饥。库无备兵，虽有义不能征无义。"怎样才能具有充足的储备？一是抓紧生产，"生财密"，二是坚持节用，"用之节"，"故夏书曰'禹七年水'，殷书曰'汤五年旱'，此其离（罹）凶饿甚矣，然而民不冻饿者何也？其生财密，其用之节也。"（《墨子·七患》）荀况更清楚地论述了节用对于增加积累，维持可持续发展的重要意义，他说，人的欲望没有止境，有头脑的人都知道节制自己的消费行为，以防止生产和生活出现无以为继的情况。而"偷生浅知"之人，不知道"长虑顾后"，肆意挥霍，结果就难"免于冻饿"，死于沟壑之中："今人之生也，方多畜鸡狗猪彘，又蓄牛羊，然而食不敢有酒肉。余刀布，有囷窌，然而衣不敢有丝帛。约者有筐箧之藏，然而行不敢有舆马。是何也？非不欲也，几不长虑顾后，而恐无以继之故也……今夫偷生浅知之属。曾此而不知也，粮食大侈，不顾其后，俄则屈安穷矣。是其所以不免于冻饿，操瓢囊为沟壑中瘠者也。"（《荀子·荣辱》）张居正也从防止以后无以为继的角度劝说明神宗节用："方今天下民穷财尽，国用屡空。加意撙节，犹恐不足；若浪费无已，后将何以继之？"（《请停止内工疏》）其次，节用可以促进生产的发展，使财富增加。儒家经典《大学》认为："生财有大道，生之者众，食之者寡，为之者疾，用之者舒，则财恒足矣。"其中就含有节用的意思，把节用看成生财的重要方法。墨子说："圣人为政一国，一国可倍；大之为政天下，天下可倍也。其倍之，非外取地也，因其国家，去其无用之费，足以倍之。"（《墨子·节用上》）在这里，墨子把"去其无用之费"即节用看作成倍地增加国家财富的基本手段。法家代表人物韩非也把节用看成增加收入的一个重要条件。他说："侈而惰者贫，而力而俭者富。"（《韩非子·显学》）又说："利商市、关梁之行，能以所有致所无，客商归之，外货留之，俭于财用，节于衣食，宫室器械周于资用，不事玩好，则入多。"（《韩非子·难一》）荀况也说："强本而节用，则天不能贫……本荒而用侈，则天不能使之富。"（《荀子·天论》）

四是爱惜民力。古代社会的经济主要是农业经济，因此，"重农"几乎成为各个朝代的首要国策。如南宋朱熹继承汉儒重农抑商思想，把"重农"纳入"王政"的范畴，主张以重农主义作为国家处理生产部门之间关系的道德原则。他说："农事至重，人君不可以为缓而忽之。"又说："生民之本，足食为先，是以国家务农重谷，使凡州县守皆以劝农为职。"（《朱文公文集·劝农文》）并进一步强调："民生之本在食，足食之本在农，此自然之理也。"朱熹认为维持"民"的生存和再生产的根本在于"食"，即吃饭，如果没有饭吃，"民"流离失所，不能从事农业生产劳动，自然就不能创造社会财富。他把财富的根源归结为劳动生产，尤其是生产生活资料的农业是最主要的财富生产部门。鉴于这种情形，朱熹提出了"足食之本在农"的经济主张。针对当时经济发展过程的"背本趋末"现象和社会粮食储备不足的情形，朱熹强烈呼吁国家应"务农重谷"，州县官吏也应以劝农作为自己的重要职责。为了勤用劳力和不误农时，朱熹曾发布《劝农文》以指导农业生产。而与重农相联系的则是土地和农民的负担问题，所以勤俭治国的统治者大都轻徭薄赋，这样一方面可以让人民休养生息，得到土地、生产资料和劳动时间，缓和阶级矛盾，以便安定地从事生产，发展社会经济，充实国库，为解决其他问题创造条件；另一方面，减免赋税，减轻农民负担，让农民觉得农业生产有利可图，而不必铤而走险，亡命天涯，威胁统治者的统治。

四、时代之新解

勤俭作为一种传统美德，一种道德信仰，一种生活态度，一种人生境界，表现形态众多，如在品德上表现为热爱劳动，乐于奉献；工作上表现为吃苦耐劳、兢兢业业；学习上表现为勤奋好学，刻苦攻坚；事业上表现为开拓进取、艰苦创业；意志上表现为坚忍不拔、奋发图强等。勤俭既是中华民族的优良传统，也是现代文明的内在诉求。在我国加强社会主义现代化建设的今天，勤俭美德被赋予了新的时代新意，具有不容忽视的当代价值。

（一）勤俭美德是建设中国特色社会主义的重要思想理论资源和实践指南

在中国革命、建设和改革的实践中，勤俭节约一直是为我们党的工作作风和政治本色。在新世纪新阶段，尽管世情、国情、党情已经发生了重大变化，但"勤俭朴素、厉行节约"思想仍具有十分重要的现实指导意义。当前建设资源节约型、环境友好型社会更要有节约理论作为理论支撑。"勤俭朴素、厉行节约"思想是社会主义生态文明新时代加强中国特色社会主义建设的重要思想理论资源和实践指南。

1.毛泽东的俭朴论

在中国革命斗争和社会主义建设的历程中，毛泽东对浪费行为深恶痛绝，把浪费行为与贪污人民财产的犯罪行为视为同等性质。关于勤俭节约，毛泽东提出了一系列的战略思想，概括起来包括以下几个方面：第一，艰苦奋斗是共产党人的政治本色。没有坚定正确的政治方向，就不能激发艰苦奋斗的工作作风，而没有艰苦奋斗的工作作风，就不能执行坚定正确的政治方向。毛泽东在中华人民共和国成立前夕指出，中国革命的胜利是伟大的，但革命胜利后的路程更长，工作更伟大、更艰苦。他告诫全党务必继续保持谦虚谨慎不骄不躁的作风，务必继续保持艰苦奋斗的作风。第二，将勤俭节约作为全面持久的建国方针。毛泽东的勤俭建国思想贯穿于我国社会领域的每一个环节。从 1950 年的七届三中全会报告，到 1956 年的《关于勤俭办社的联合指示》，再到党的八届二中全会，都在贯彻"厉行节约、反对浪费"的方针。毛泽东从中国的国情出发指出，我们的勤俭建国方针需要全面持久地坚持。只有全面持久地坚持和发扬艰苦朴素作风、厉行节约精神，才能使国家富强。第三，勤俭节约是社会主义经济的基本原则之一。毛泽东从基本国情出发，从把握社会主义经济发展规律的高度来认识勤俭节约对于中国社会主义建设的重要性，指出必须勤俭节约、艰苦奋斗才能最终实现社会主义工业化、现代化，将勤俭节约作为社会主义经济的基本原则之一。第四，把勤俭节约作为党和国家的优良作风。毛泽东认为实行厉行节约、反对浪费，不但在经济上有重大意义，在政治上也有重大意义，对于整肃党纪、提高工作效率和转变党风、社会风气非常有必要。

2.邓小平的俭朴论

邓小平是中国特色社会主义理论体系的开创者，作为改革开放的总设计师，在长期的革命和建设实践中，他十分重视培养和倡导勤俭节约、艰苦奋斗作风。在实行社会主义市场经济的转型期，邓小平所面临的最主要、最突出的问题是，在以经济建设为中心的社会主义现代化建设中，如何从根本上克服长期的计划经济造成的低效问题，从而提高社会主义经济效益。因此，他的节约理论主要体现在解放和发展生产力、提高社会主义经济效益问题上。

3.江泽民的俭朴论

江泽民在担任党和国家领导人的时间里，对节约问题一直高度重视，他在《正确处理社会主义现代化建设中的若干重大关系》中强调了节约对提高经济效益的作用。他不仅从实现可持续发展的角度重视节约，反对浪费，强调坚持节约原则能够促进可持续发展，坚持资源开发和节约并举，而且还从新形势下如何反腐倡廉、加强党风建设、发扬艰苦奋斗精神的角度提出重视节约问题，反复强调要发扬艰苦奋斗、勤政爱民精神，开展反腐败斗争。

4.胡锦涛的俭朴论

胡锦涛任总书记期间，正值我国进入经济高速发展时期，他从中国特色社会主义社会形态本质特征的高度强调了节约的重要意义。面对改革开放取得巨大成就、经济高速发展的形势，胡锦涛强调，全党全社会都必须对建设资源节约型、环境友好型社会的重要性和紧迫性有一个清醒的认识。他把节约资源与保护环境的观念相联系，采取了一系列具体措施：首先，从制度的层面，在资源的开采、加工、运输、消费等环节上建立全过程和全面节约的管理制度；其次，从体制机制的角度，建立市场化的能源资源节约体制机制，同时还要健全节约能源资源的法律法规和标准体系。此外，胡锦涛同志特别重视能源的节约使用，他在中共中央政治局第二十三次集体学习时提出了八个方面的要求，包括推动发展循环经济、 建设促进能源资源节约的体制机制等。 这些举措使我国人民对节约的重视达到了空前的程度。

5.习近平的俭朴论

习近平总书记十分重视勤俭节约思想，曾经在新华社一篇内参报道中做出重要批示， 要求严格落实各项节约措施，坚决杜绝公款浪费现象，使厉行节约、反对浪费在全社会蔚然成风。2013 年新年伊始。习总书记又在十八届中央纪委二次全会上指出，要坚持勤俭办一切事业，坚决反对讲排场比阔气，坚决抵制享乐主义和奢靡之风。习总书记的重要批示和倡导的 "八项规定" 遥相呼应，要求坚定不移地进一步深化反腐倡廉建设。

（二）勤俭美德是改进工作作风、建设节约型社会的重要精神支柱

2013年1月20日，中共中央办公厅发出《印发习近平同志关于厉行勤俭节约反对铺张浪费重要批示的通知》指出，习近平总书记关于"厉行节约、反对浪费"的重要批示，是深入贯彻落实党的十八大精神和中央政治局关于改进工作作风、密切联系群众八项规定的新要求，代表了全国广大干部群众的呼声和愿望，表明了中央厉行勤俭节约、反对铺张浪费的鲜明态度和坚定决心，同时也体现了勤俭朴素、厉行节约思想的当代价值。

1.引导树立正确的公众消费观和公务消费理念

习近平总书记关于厉行节约、反对浪费的重要批示在全社会引起强烈的共鸣和支持， 广大干部群众对餐饮浪费等各种浪费行为特别是公款浪费行为反应强烈。狠刹浪费之风在全国展开：许多消费者协会纷纷建议相关的行业组织和行政主管部门出台鼓励勤俭节约的相关规定和措施，倡议文明理性就餐；各地区各部门普遍开展"厉行勤俭节约，反对铺张浪费"的活动；很多政府机关和国企取消了节日期间的公务宴请， 不少单位取消了聚餐活动， 党员领导干部带头杜绝"中国式剩宴"；餐饮场所饭后打包的节约现象也越来越多。"节约光荣、浪费可耻"的道德风尚重新得到弘扬，与现代社会相适应的正确的消费观正逐渐在社会上树立起来。厉行勤俭节约，避免铺张浪费，减少公务招待，降低行政管理成本， 不仅是大众消费观念的转变，同时也是现代政府的执政理念的必然要求。倡

导"勤俭朴素、厉行节约"思想，要打造公开透明的监督平台，特别是加强群众的监督力度，用规范的制度来制约和监督政府的公务消费行为，使"节俭"这一中华民族的传统美德在创建社会主义精神文明的今天继续发扬光大。

2.指导资源节约型社会建设

改革开放以来，我国经济高速发展带来的能源资源消耗过大和环境污染加剧的状况与保持经济可持续发展的要求之间的矛盾日益突出。经济增长方式的转变至今尚未完全实现，不少地方、行业走的仍是一条粗放式增长道路，依靠过度消耗资源来推动经济发展。"高投入、高消耗、高排放、不协调、难循环、低效益"现象十分普遍，经济发展中的资源损失浪费极为严重，党的十七大报告中所指出的"经济增长的资源环境代价过大"的问题并未得到根本缓解。现实的国情决定了我们必须爱护环境、勤俭节约。我国是一个资源紧缺的国家，水资源、耕地资源、森林资源，石油、天然气、铜和铝等重要矿产资源的人均储量都远低于世界人均水平，目前能源资源紧缺越来越成为我国经济社会发展的瓶颈。党的十八大报告指出，"大力度推进生态文明建设""建设美丽中国"，强力推进"坚持节约资源和保护环境的基本国策""坚持节约优先、保护优先、自然恢复为主的方针"，着力推进绿色发展、循环发展、低碳发展，形成节约资源和保护环境的空间格局，实现天蓝、地绿、水净美好家园的愿景。这就需要节制我们的欲望，在向大自然索取的过程中，努力保护我们赖以生存的蓝天、空气、森林、湖泊、土壤，达到人与自然和谐地发展。只有坚持节约保护的原则，才能让有限的资源长期持续地为我所用，造福人类。

3.预防和惩治腐败的锐利武器

根据中央关于"厉行勤俭节约，反对铺张浪费"的通知精神，2013年春节前夕，许多政府机关和国企取消了节日期间的公务宴请，广电总局和各地电视台在春节及节日期间删除所有渲染"送礼"内容的广告。各地党政机关纷纷出台各类各项关于严禁讲排场比阔气，借节日的名义相互送大礼拜访的规定；干部轻车简从走基层，不搞迎送仪式；严禁用公款、公车旅游；严禁公车私用，严禁领导干部擅自驾驶公车等规定，要求党员干部切实改进工作作风，加强廉洁自律。这一系列的努力都在引导党员干部要坚持节俭自律，树立节俭新风，让节约意识融入党员干部的工作生活中。厉行节俭要从领导干部做起，党员干部在日常生活中应做勤俭节约的表率。只有以身作则，率先示范，以相关的制度约束，带头抵制享乐主义和奢靡之风，让"轻车简从"常态化、制度化，"轻车简从"才不会成为一句空话。厉行节俭、反对浪费离不开制度的健全和约束。中共中央关于改进工作作风、密切联系群众的"八项规定"中指出，轻车简从，下决心惩治"车轮上的腐败"，其根本目的是切实改进工作作风，努力把工作做得更深入、更务实，进一步凝聚党心民心。作风正才能事业兴。党的十八大强调"三个没有变"，号召全党坚持艰苦奋斗、勤俭节约，着力整治庸懒散奢等不良风气，以优良党风凝聚党心民心、带动政风民风。今天，全党全社会都在大力弘扬勤俭节约的优良传统，大力宣传节约光荣、浪费可耻的思想观念，努力使厉行节约、反对浪费在全社会蔚然成风。我们相信，厉行节约、反对浪费，将会成为中华民族的理性行为，也将成为中华民族的持久行为。

参考文献

[1]杨明辉.中华传统美德丛书：勤俭卷［M］.南京：南京大学出版社，2008.

[2]邱媛媛."勤俭朴素、厉行节约"思想的当代价值［J］.大连干部学刊，2013，29（11）.

[3]李一中.传统勤俭美德的现代伦理解读［J］.湖北科技学院学报.2013，33（4）.

[4]胡德生.明清家具鉴藏［M］.太原：山西教育出版社，2006.

[5]唐凯麟，陈仁仁.中华魂：懿行·精论·嘉言［M］.北京：金城出版社，2014.

[6]沐欣之.中华美德书［M］.北京：中国言实出版社，2006.

[7]李伯钦.正说历代帝王［M］.沈阳：辽宁画报出版社，2005.

[8]徐潜.中国古代杰出帝王［M］.长春：吉林文史出版社，2014.

[9]彭勇.真实的荒诞：中国二十帝王另类生活扫描［M］.北京：中共中央党校出版社，2007.

[10]孟宪明.中兴君主［M］.北京：文化艺术出版社，2004.

[11]苏文.皕廉集［M］.上海：上海三联书店，2005.

[12]贾军.宁波老话宝典［M］.宁波：宁波出版社，2012.

[13]蔡蓁.美德二十讲［M］.天津：天津人民出版社，2008.

[14]刘涛.中华传统美德［M］.合肥：黄山书社，2014.

[15]宋林飞.中华传统美德丛书 民本卷［M］.南京：南京大学出版社.2013.

[16]宋林飞.中华传统美德丛书 勤俭卷［M］.南京：南京大学出版社.2013.

[17]宋林飞.中华传统美德丛书 忠孝卷［M］.南京：南京大学出版社.2013.

[18]胡适.说儒［M］.桂林：漓江出版社，2013.

［19］米修.闹市中的养心之道［M］.北京：经济科学出版社，2013.

［20］曹胜高.中国的修养［M］.北京：经济科学出版社，2013.

［21］于永玉，华志攀.廉·不妄取［M］.天津：天津人民出版社，2012.

［22］季风.陈寅恪讲国学［M］.北京：北京时代华文书局，2014.

［23］林语堂.吾国与吾民［M］.南京：江苏文艺出版社，2010.

［24］梁漱溟.中国文化要义［M］.上海：上海人民出版社，2011.

［25］辜鸿铭.中国人的精神［M］.上海：上海三联书店.2010.

［26］钟茂森.找寻中国精神［M］.北京：中国华侨出版社，2010.

［27］蔡礼旭.礼义廉耻，国之四维［M］.北京：世界知识出版社，2014.

［28］韩经太.省鉴与传习：中国道德文化的传统与现实［M］.北京：人民出版社，2013.

［29］巨浪.中华传统美德与当今传扬［M］.杭州：浙江大学出版社，2013.

［30］蔡礼旭.福田心耕：青少年要上的十二堂国学课［M］.北京：中国华侨出版社，2014.

［31］巴尔赞.从黎明到衰落［M］.林华，译.北京：中信出版社，2013.

［32］秦建华.德孝天下：虞舜文化说略［M］太原：山西人民出版社，2014.

后　记

　　"历览前贤国与家，成由勤俭破由奢"，勤俭节约、艰苦奋斗历来是中华民族的优良传统美德，是人立身之根基、持家之要诀、治国之法宝，而奢华浪费、贪图享乐，则必然导致腐败，走向失败。

　　勤俭不是小气，不是落伍，而是一种操守，一种品行，一种素养，一种文明，应该被广泛传承。"一粥一饭，当思来之不易；半丝半缕，恒念物力维艰。"我们要始终记住"节约莫怠慢，积少成千万，一粒米如珠，一菜不许烂"，节约是强大力量的储蓄！任何一个国家、一个民族，如果骄奢淫逸成风，享乐主义盛行，就没有希望；如果勤俭文明盛行，将是国之本，家之幸，民之福。可以说修身、齐家、治国都离不开勤俭节约。

　　勤俭节约、艰苦奋斗的优良作风，不仅在革命战争岁月和中华人民共和国成立初期"一穷二白"、百废待兴、百业待举的条件下需要坚持，在当前全面建设小康社会的进程中仍具有十分重要的现实指导意义。建设资源节约型、环境友好型社会更要有节俭理论作为理论支撑。

　　厉行节约、反对浪费不但在经济上有重大意义，在政治上也有重大意义，对于整肃党纪、提高工作效率和转变党风、社会风气非常有必要。党的十八大号召全党坚持艰苦奋斗、勤俭节约，着力整治庸懒散奢等不良风气，以优良党风凝聚党心民心、带动政风民风，在全党全社会大力弘扬勤俭节约的优良传统，努力使厉行节约、反对浪费在全社会蔚然成风。

　　当代大学生是在改革开放中出生的一代，是物质财富相对丰富的一代，对艰难生活的体验较少。同时他们承担着全面建设小康社会，构建社会主义和谐社会，实现中华民族伟大复兴的重任。20岁出头的大学生，在大学正是人生观、价值观、道德观形成的关键期。对大学生进行艰苦奋斗教育，培养其善于自律、自我约束的高尚情操，引导他们养成合理的行为习惯和生活习惯，对大学生的修身养性、成长和发展都至关重要。

《成由勤俭败由奢——大学生勤俭教育读本》的编写，是为大学生勤俭素养教育提供合适的读本。本书从成语故事、古文诗词、中国帝王和历史名人事迹、宁波老话等不同角度，来阐述崇尚俭朴、反对奢华的哲理。这些尚勤戒惰、倡俭抑奢的思想和观点，可以成为当代大学生培育勤俭精神的养料，使大学生大力弘扬勤俭节约的优良传统，大力宣传节约光荣、浪费可耻的思想观念，使他们在今后的成长道路上，坚持勤俭办一切事业，避免铺张浪费，自觉抵制享乐主义和奢靡之风，成为勤奋务实、艰苦奋斗、淡泊名利、乐于奉献的一代新人。

编者在书中借鉴了国内外专家、学者的研究成果，部分材料来自相关网站。本书在编写过程中，得到了编委们的热情参与，本书的出版得到了浙江省社科联的大力资助，另外，很多朋友在本书研究和撰写过程中给予我们很多建议和帮助，我们在相关网站中也查阅了大量有用的资料，在此一并深表感谢。

因限于知识水平，书中难免有错误和不足，敬请广大读者批评指正。

课题组
2019年10月